本书得到以下项目资助：

上海市哲学社会科学"十四五"规划青年课题"上海创意产业数字化创新推动城市高质量发展研究"（项目编号：2022ECK004）

上海市"科技创新行动计划"软科学研究青年项目"中国式现代化驱动上海数字创意产业主导技术跃迁研究：机制分析、发展路径与政策需求"（项目编号：23692123400）

RESEARCH ON FORMATION MECHANISM OF
DIGITAL CREATIVE INDUSTRY'S DOMINANT
TECHNOLOGY BASED-ON MULTI-LEVEL PERSPECTIVE

数字创意产业
主导技术形成机理研究
——基于MLP视角

张睿涵◎著

经济管理出版社
ECONOMY & MANAGEMENT PUBLISHING HOUSE

图书在版编目（CIP）数据

数字创意产业主导技术形成机理研究：基于 MLP 视角/张睿涵著 . —北京：经济管理出版社，2023.5
ISBN 978-7-5096-9009-3

Ⅰ.①数… Ⅱ.①张… Ⅲ.①数字技术—应用—文化产业—产业发展—研究—中国 Ⅳ.①G124-39

中国国家版本馆 CIP 数据核字（2023）第 081932 号

组稿编辑：曹　靖
责任编辑：郭　飞
责任印制：黄章平
责任校对：蔡晓臻

出版发行：经济管理出版社
　　　　　（北京市海淀区北蜂窝 8 号中雅大厦 A 座 11 层　100038）
网　　址：www. E-mp. com. cn
电　　话：（010）51915602
印　　刷：唐山玺诚印务有限公司
经　　销：新华书店
开　　本：720mm×1000mm/16
印　　张：10
字　　数：138 千字
版　　次：2023 年 6 月第 1 版　　2023 年 6 月第 1 次印刷
书　　号：ISBN 978-7-5096-9009-3
定　　价：88.00 元

序　言

　　伴随全球新一轮科技革命的加速演进，创新驱动成为众多国家谋求经济发展和竞争优势的核心战略。与此同时，主导技术成为数字创意产业内企业抢占新一轮经济、科技发展的制高点，是后发企业成功实施技术跨越和实现赶超的根本路径和机会窗口。因此，主导技术的形成有利于数字创意产业中的企业掌握行业技术轨道，保持低成本、高效率的技术创新，从而获得"赢者通吃"的强大竞争力，并帮助国家获取或维持其全球价值链高端的位置，促进国家经济稳定发展。可见，系统、深入地研究数字创意产业主导技术的形成机理并提出合理的对策与建议，在我国数字创意产业持续发展过程中具有理论意义和实践意义。

　　首先，在全面梳理已有研究的理论观点基础上，本书科学界定了数字创意产业主导技术及 MLP 的相关概念，论述了数字创意产业主导技术形成过程中的技术生态位与生物生态位、技术域中技术种群与同一地域的生物种群、社会技术地景与生境的同构性，进而讨论了基于 MLP 分析框架研究数字创意产业主导技术形成的可行性。

　　其次，论述了数字创意产业技术生态位关系，构建了生态位重叠条件下主导技术形成的 Arthur 博弈模型，基于模型阐述了生态位重叠条件下数字创意产业主导技术优势种的形成机理，并进一步通过仿真模拟了生态位重叠情况下数字创意产业主导技术优势种形成的动态过程。

再次，对数字创意产业技术种群间的动态竞争关系进行了理论分析，基于 Logistic 种群增长模型，分别研究了新新技术标准之间、新旧技术标准之间的竞争关系，剖析了技术域层面优势技术标准的形成机理，并基于模型仿真结果讨论了优势技术标准的形成机理。

又次，从社会技术地景对优势技术标准的选择、优势技术标准对社会技术地景的反应两个方面研究社会技术地景层面数字创意产业主导技术的形成机理。借鉴复杂适应系统中环境与主体互动影响的研究方法，建立了社会技术地景层面数字创意产业主导技术形成的"刺激—反应"模型并进行相应的仿真。

最后，结合前文的基础理论研究，基于 MLP 分析框架的数字创意产业主导技术形成机理分析与仿真研究，设计了相关的对策分析框架，并基于该框架以企业、行业管理者和政府为立足点，从生态位、技术域和社会技术地景三个视角出发，分别提出了促进数字创意产业主导技术形成的相关对策与建议。

本书是数字创意产业主导技术形成机理研究的结晶，笔者的研究坚持了"求真、创新"的真谛，并积极借鉴已有研究成果，务实而不失实践价值。一方面，笔者应用基于 Agent 的建模与仿真分析方法验证数字创意产业主导技术形成机理，深入剖析生态位层面、技术域层面、社会技术地景层面的数字创意产业主导技术形成的动态规律和影响因素，明确数字创意产业主导技术形成路径，在解决数字创意产业创新驱动高质量发展实践问题、突破经济发展的瓶颈等方面具有较强的指导作用；另一方面，本书立足于我国数字创意产业的特征和数字技术发展现状，坚持需求导向、问题导向和目标导向，提出促进数字创意产业主导技术形成、发展的政策建议，为相关企业、行业管理者和政府制定数字经济格局下数字创意产业主导技术形成发展规划提供依据，具有较强的现实意义。

本书参考了大量的中外文献，谨向所有文献作者表示诚挚的谢意！本书的出版离不开众多良师益友和上海市哲学社会科学规划项目的支持与帮助。感谢恩师孙冰教授对笔者的耐心指导和积极鼓励；感谢笔者的工作单位东华大学，感谢旭日工商管理学院工商管理系的各位领导、同事的支持与帮助；感谢经济管理出版社在本书的出版过程中给予的大力帮助。

笔者在认真研究、思考、总结以及形成书稿的过程中，深刻感受到自身水平有限，书中表达不缜密之处还需在今后研究中进一步完善。未来笔者将继续深入该领域的研究和探索。

张睿涵

2022 年 6 月于东华大学

目 录

第1章　导论

1.1　本书的研究背景、意义和目的

1.1.1　本书的研究背景

2021 年 3 月，《中华人民共和国国民经济和社会发展第十四个五年规划和 2035 年远景目标纲要》明确提出壮大"数字创意产业"。随后，文化和旅游部在《"十四五"文化产业发展规划》中强调要以"科技创新"催生文化产业新发展动能。一方面，以文化创意为轴心、以技术创新为脉络的数字创意产业正成为经济竞争力和文化软实力共生的新场域[1]；另一方面，数字创意产业主导技术是通过不同技术轨道竞争最终胜出并被广泛采用的技术标准[2]，是后发企业成功实施技术跨越和实现赶超的根本路径和机会窗口[3]。因此，数字创意产业中的企业可以通过推动主导技术的形成，掌握行业技术轨道，保持低成本、

高效率的技术创新,助力数字创意产业数字化升级和创新驱动发展,并帮助国家获取或维持其全球价值链高端的位置,促进国家经济发展和文化繁荣。

对于主导技术,技术管理领域和战略管理领域的学者给予了充分关注[4-7],并取得了重要的理论研究成果和实证研究结论[8-11]。目前多位学者的研究认为,主导技术是以"糜母"进行复制与繁殖的,由此形成了一个技术生态系统[12, 13]。类似于生物生态系统,技术生态系统中不同规模、不同层次的各种技术形成了相互共生、寄生与竞争的生态关系,使任何主导技术的生存与发展都不再是孤立的事件。近年来,学者尝试采用生态学思想进行数字创意产业主导技术形成的理论探索,并提出了一些重要的方法和理论观点。其中,最具影响力的分析方法是 Geels(2002)提出的 MLP(Multi-Level Perspective)分析框架[14]。它通过研究生态位、技术域、社会技术地景三个不同层面的相互作用,解释了技术形成与转型的过程和作用机理,并取得了阶段性的研究成果。由此可见,借助于生态学思想和 MLP 分析框架有利于深入探索数字经济形式下的数字创意产业主导技术形成机理。

目前,我国数字创意产业发展面临数字化水平不高、主导技术研发能力不足、创新支撑体系有待完善等问题。究其原因,主要在于主导技术瓶颈背后的核心科学问题尚未被清楚认知。例如,数字创意产业如何实现主导技术形成?主导技术形成机理是怎样的?不同层面数字创意产业主导技术形成的过程和机制有何区别?相关部门应该如何促进数字创意产业主导技术形成实现高质量发展?针对这些问题的学术研究亟待跟进,远不能满足产业发展的现实需求。

鉴于此,系统、深入地研究数字创意产业主导技术的形成机理是文化产业领域的重要学术命题,也是关乎产业高质量发展的关键现实问题。本书将从动态竞争视角出发,分别揭示微观生态位、中观技术域、宏观社会技术地景三个层面的数字创意产业主导技术形成机理并加以仿真检验,进而提出可行性政策建议，为数字创意产业突破技术瓶颈、实现高质量发展提供理论依据和决策参考。

1.1.2　本书的研究目的和意义

本书将实现以下三个方面的研究目的：

第一，基于 MLP 分析框架，综合运用 Arthur 竞争博弈模型、Logistic 增长模型、"刺激—反应"模型等理论模型，分别探索生态位层面、技术域层面、社会技术地景层面数字创意产业主导技术形成机理，旨在深入探讨、系统掌握数字创意产业主导技术形成的基本规律。

第二，建立基于 Agent 的仿真模型，分别仿真模拟生态位层面、技术域层面、社会技术地景层面的不同变量变化对数字创意产业主导技术形成的动态影响，力争把握数字创意产业主导技术形成的影响因素和路径，进而对数字创意产业主导技术形成机理的理论模型加以验证。

第三，基于生态位、技术域、社会技术地景三个不同层面的数字创意产业主导技术形成的规律和特点，设计促进数字创意产业主导技术形成的总体对策思路，分别以企业、行业管理者和政府为立足点，提出促进数字创意产业主导技术形成的对策与建议，力求为数字创意产业的持续、健康发展实践提供一定的对策指导。

本书对推动数字创意产业主导技术形成发展具有重要的理论意义和实践意义。

第一，理论意义。一方面，MLP 分析框架为探索数字创意产业主导技术形成机理提供了全新的研究框架。本书采用 MLP 分析框架为数字创意产业主导技术的形成过程勾画了一个"微观—中观—宏观"递进的多层次理论框架，以揭示和对比各层面数字创意产业主导技术形成的动态过程和发展趋势。因此，研究成果在系统剖析数字创意产业及其主导技术发展的理论问题、丰富技术管理研究的框架体系等方面具有一定的理论意义。另一方面，动态竞争理论和基于 Agent 建模仿真的运用为剖析数字创意产业主导技术形成机理提供了独特的研究视角和关键技术。本书从动态竞争视角出发，采用基于 Agent 的建模与仿真方法，深入研究数字创意产业主导技术形成机理，并对其主导技术形成机理进行仿真模拟，为解决技术动态发展问题提供可以参考的研究视角和关键技术。因此，研究成果在拓宽动态竞争理论视角和基于 Agent 建模仿真方法的应用范围、丰富技术管理领域的研究范式等方面具有重要理论价值。

第二，现实意义。一方面，本书应用基于 Agent 的建模与仿真分析方法验证数字创意产业主导技术形成机理，深入剖析生态位层面、技术域层面、社会技术地景层面的数字创意产业主导技术形成的动态规律和影响因素，明确数字创意产业主导技术形成路径，在解决数字创意产业创新驱动高质量发展实践问题、突破经济发展的瓶颈等方面具有较强的指导作用；另一方面，本书立足于我国数字创意产业的特征和数字技术发展现状，坚持需求导向、问题导向和目标导向，提出促进数字创意产业主导技术形成发展的政策建议，为相关企业、行业管理者和政府制定数字经济格局下数字创意产业主导技术形成发展规划提供依据，具有较强的现实意义。

1.2　国内外研究现状

1.2.1　数字创意产业的相关研究

1.2.1.1　数字创意产业的界定研究

目前，学术界对数字创意产业的定义尚未达成统一，主要分为以下三类观点：第一类观点从文化产业延伸和转型的视角界定数字创意产业。例如，Ma 等提出数字创意产业是传统创意产业发展的新阶段、新形态[15]。Khlystova 等则指出数字创意产业是源自个人创造力、技能和人才，并通过产生和利用知识产权创造财富和就业机会的行业[16]。国内学者龚伟林等、王博和张刚均认为，数字创意产业是建立在创意资源基础上，运用现代数字技术、网络技术和大众传播技术等，以人的创造力为动力的企业及其以数字化、网络化生产方式进行文化价值的创造和传播等活动的产业，也包括运用文化创意和数字技术提高传统文化产业附加值的产业[17, 18]。第二类观点试图跳出文化产业，开始从新经济的角度对数字创意产业进行界定，王红梅等、Xie 等均提出，数字创意产业是指以互联网技术和核心数字化为基础，从事创意文化内容生产、流通和服务的产业集合，是新经济的重要组成部分[19, 20]。第三类观点表明，数字创意产业是科学技术与文化创意有机融合的创新产物。臧志彭、陈刚和宋玉玉一致指出，数字创意产业是技术与内容相互融合的新型产业形态，是以创意内容为核心，依托数字技术进行创作、生产、传播和服务，引领新供给、新消费高速成长的新型业态[21, 22]。

1.2.1.2 数字创意产业的特征研究

关于数字创意产业的特征，不同学者发表了不同观点。Potts 等在早期研究中指出，数字创意产业难以融入一般经济框架，具有服务经济的特征[23]。随后，Horng 等进一步提出，数字创意产业具有高技术性、高接触性、高创造性等特征[24]。国内学者根据我国实际情况对数字创意产业特征也进行了深入讨论。夏光富和刘应海通过对作为数字创意产业典型代表的数字动漫产业的运作体系进行解析，总结出数字创意产业具有高附加值性、知识产权性、高技术性、横向协同性的产业特征[25]。在此基础上，陈利和陈睿认为，数字创意产业具有高投资性、高科技性、高附加值性、重知识产权性、高增长性等基本特性，是文化产业中最具高回报、高风险的子行业[26]。此外，Zhang 等通过对中国网络视频产业进行案例研究发现，数字创意产业具有空间集聚性和外部网络合作性，且不同城市的数字创意产业之间存在明显的"数字鸿沟"[27]。张伟和吴晶琦则指出，生产数字化、传播网络化、消费个性化是数字创意产业的基本特征[28]。

也有学者基于国内外数字创意产业发展现状总结了数字创意产业的发展特征。例如，孙守迁等系统地阐述了数字创意产业的概况、各国现状、发展前景、机遇与挑战[29]。他们认为，数字创意产业将数字技术与设计创意充分结合，具有科技先进、绿色环保和跨界范围广等特点。进一步地，黄江杰等通过比较分析国内外数字创意产业的概念、内涵和发展思路，系统梳理了我国数字创意产业的发展特征为：具有全连接的网络结构，具有多重的价值输出、需要想象力的引领，具有强大的内生动力[30]。

1.2.1.3　数字创意产业的发展机制研究

数字创意产业发展主要有三方面驱动因素，即需求（Demand）、技术（Technology）和政策（Policy）。在需求驱动数字创意产业发展方面，Leadbeater 指出，数字创意产业发展不仅取决于供给方的创造力，也与供求双方的互动交流有关[31]。李凤亮和赵雪彤提出，发展数字文化业态需以市场需求为导向，建立各个生态要素创新合作机制[32]。

关于技术与数字创意产业发展关系的研究主要有两种观点。一方面，部分学者认为数字技术推动了数字创意产业的发展。Yusuf 和 Nabeshima 曾明确指出，创意产业是大量高科技企业特点的集中表现，尤其需要高新技术作为支撑发展[33]。数字技术不仅改变了内容生产手段（如从模拟到数码相机），还改变了内容分发和消费手段（如从 CD 到 MP3，从报纸到博客等）[34, 35]。随后，陈能军和史占中基于改进的"钻石模型"理论分析表明，5G 技术的发展将对数字创意产业全球价值链带来革命性影响，并以音乐、游戏、创意设计等细分产业为例,详细阐明了 5G 技术对数字创意产业发展施加有利影响的深层机理[36]。金元浦同样研究了 5G 技术对我国数字创意产业的推动作用并提出,5G 高科技数字化的多种技术在数字创意设计、数字影视、网络直播、移动短视频、云游戏、数字全媒体、数字艺术、智慧旅游、智慧文博、智慧非遗等方面催生了大量新思路、新举措、新形式与新业态[37]。另一方面,有学者认为技术对数字创意产业发展具有抑制作用。Ernkvist 和 Strom 借助游戏知识产权差异化与创意产业竞争力关系的理论框架,对过去 30 年的日本视频游戏软件行业进行了纵向案例研究[38]。他们认为,在不断增加的开发成本和较少的跨部门文化技能转移的情况下,行业的技术变革使日本数字创意产业集群难以保持以前的差异化水平,从而逐渐走向衰退。Patrickson 通过研究新兴技术在苏格兰数字创意产业中的潜在应用发现,区块链技术将在很大程度上扰乱数字创意产品的销售和分发[39]。

在政策因素影响数字创意产业发展方面,江瑶等基于资源利用视角研究政府补贴、税收优惠对数字创意产业内企业创新投入的影响及企业性质的调节效应[40]。研究结果显示:政府补贴以直接的资金注入形式,降低创新成本、减弱创新风险、激发创新积极性、强化社会资源获取,促进数字创意产业内企业创新投入,进而推动数字创意产业发展;税收优惠以间接的费用减免形式,通过创新成本的削弱、创新热情的增强来提升数字创意产业内企业创新投入,从而助力数字创意产业发展。进一步地,张凯等以北京数字创意产业政策为例,结合政策年份、政策工具探讨了价值链作用机制,并从产业构建、区域带动、国家引领三个模式,构建了数字创意产业创新价值链增强回路以推动产业持续发展[41]。

1.2.2　主导技术的相关研究

对于主导技术,技术管理领域和战略管理领域的学者给予充分关注[4-7],

并取得了重要的理论研究成果和实证研究结论[8-11]，主要集中在主导技术的界定、特征、形成和影响因素四个方面。

1.2.2.1 主导技术的界定研究

部分学者从单一技术的视角界定主导技术。例如，奉公、曾福生和熊玉娟、邓旭霞和刘纯阳均认为，主导技术是指在一定时期内能够打破原有技术体系的平衡，从而引起其他部门的技术创新、技术革命直至产业革命的连锁反应的技术，它在一定程度上决定着技术进步的主攻方向，是构建技术体系的基础[42-44]。在此基础上，张凤武提出，在社会总体科学技术发展的带动下，各行业和企业形成了各自的技术发展体系，在这个体系中牵动整个行业和企业发展的龙头技术称之为主导技术[45]。与之类似，陆建中指出，未来10～20年农业发展的主体方向是转型发展和升级发展，农业科技发展的主导方向是主导技术和先导技术，并认为技术发展的趋势和主流在今后一段时期都由主导技术表征，且主导技术对国民经济发展的相关技术产生明显的促进作用[46]。

也有学者从产品架构的视角对主导技术进行界定，认为主导技术与主导设计含义相同，主导设计是在特定时间内广为接受的一个满意新产品，这个新产品凝聚了单个技术创新，它是技术和市场共同交互影响的产物，代表着获取市场信任和以创新者为领导的追随者务必遵循的一种设计[5, 6]。Tushman和Anderson基于水泥、玻璃和微型计算机三个产业的数据验证了主导技术的相关假设，提出主导技术是社会或政治对各种技术可能性选择的结果，并将其界定为：一个产品架构或一个较小领域内的产品架构集合[47]。该产品架构的新产品销售额或新的生产设备用户基础超过50%，且维持一半以上的市场份额的年限至少为4年。此外，苏涛永和曹峰基于技术轨道理论和价值网络理论分析高速磁浮交通技术产业化进程陷入困境的原因，并从技术竞争的视角对主导技术进行了界定[48]。Fernández 和 Valle 考虑影响主导设计竞争的市场、技术和补充资产三方面相关因素，构建了企业决策模型并定义了主导技术的内涵。研究表明，主导设计是由一系列关于产品的技术决策组成技术轨迹的结果，受到先前的技术选择和客户选择偏好的限制[49]。

1.2.2.2 主导技术的特征研究

罗卫国认为，主导技术不是静态的，而是动态的，它处于不断新陈代谢之中，主导技术的更替性和更替周期的加速性是其发展过程中的两个最显著特点[50]。随后，根据产业的发展特点，吴定玉和张治觉基于市场进入时机的视角提出，主导技术是技术与市场综合影响下的市场进入壁垒[3]。基于此，他们归纳了主导技术的特征，即领先性、主导性和综合性。刘志阳通过剖析新兴产业主导技术的形成机理进一步指出，技术先进性、产业主导性、强制性、不确定性、综合性以及国家干预性是新兴产业主导技术的基本特征[51]。李龙一和张炎生基于 DVD 的案例分析，对创新过程中竞争性技术转化为主导技术、主导技术转化为技术标准过程中的内在背景、因素、基础条件、技术标准呈现的特点等相关问题进行了深入探讨，并总结了主导技术有别于技术标准的特性，即：主导技术较容易随着市场需求的变化而进行改变；主导技术能够导致一项技术标准的形成，但并不是所有的主导技术都能够产出各自的技术标准，即技术标准的兼容性更强，可以涵括两种或两种以上的主导技术[52]。陆建中通过分析我国农业和农业科技的发展形势和动力发现，主导技术具有前瞻性、战略性和催化性等特点，并据此提出实现农业科技跨越发展和可持续发展的对策建议[46]。Kim 等通过聚类分析和主成分分析（PCA）方法将技术轨迹和技术范式联系起来，确定了 1915~1998 年生产坦克的技术轨迹，并指出主导技术是不断发展的且具有适应性演化的特征，选择环境的变化会影响技术轨迹和主导技术形成[53]。

1.2.2.3 主导技术的形成研究

部分学者研究环境和战略因素对主导技术形成的影响。例如，以欧洲国家、美国和日本为样本，Chesbrough 基于硬盘驱动器研究了体制环境对技术和产业变化的动态影响[8]。在此基础上，夏保华发现，经济、社会和政治等因素对主导技术的形成产生影响并建议企业实行早进入、快速试验学习以及广泛联盟等战略[10]。与之类似，Srinivasan 等通过实证研究了办公室产品、消费者耐用品是如何作用于主导技术形成的可能性和时间，发现低独占性、弱网络外部性、低产品创新的激进程度以及高研发强度的环境更有利于主导技术形成[9]。与夏保华的观点保持一致，李艳红和陈收认为，正向的消费者预期可以使企业实现快速锁定用户、累积用户基础、达到临界规模的目标，进而可以加快主导技术的形成[54]。进一步地，谭劲松和薛红志指出，技术采用报酬递增、技术兼容性或标准化的压力、政府管制等因素共同作用于主导技术形成，并且技术的优越性、安装基础规模、互补性产品的可得性、互补性资产的可得性以及市场进入时机是主导技术形成的可控战略影响因素[55]。荣帅等考察了产业集群企业间的研发竞争和知识溢出对集群企业采纳潜在主导技术的影响。通过数理分析和实证检验得到如下结论：集群企业间的研发竞争有利于主导技术的形成；集群企业间的知识溢出对主导技术的形成也有正向影响；企业间的研发竞争正向调节知识溢出与主导技术形成的关系[56]。

也有学者从不同层面、不同角度分析和研究了主导技术形成的影响因素。例如，基于政府层面，缪小明和赵晖利用 A–U 扩展模型分析主导技术演进过程，通过实例分析各国政府在多行业主导技术形成过程中的作用，说明在不同演进阶段政府的行为能够促进行业主导技术的形成[57]。与之不同，李冬梅等基于企业层面和技术层面双重视角，以激光光盘行业 BD、HD DVD 和移动操作系统 Android、iOS 的标准竞争作为比较案例，考察了技术发起者可占有性战略如何影响主导技术形成[58]。基于社会关系视角，Dai 等根据 2005 ~ 2009 年 443 家标准联盟中的中国汽车公司的档案数据，研究了商业和政治联系的强度和数量对主导技术形成的不同影响。研究表明，商业联系的数量对主导技术形成具有显著的积极影响，而商业联系强度对主导技术形成产生负面影响；政治联系对主导技术形成的作用受知识产权执法水平和技术动荡程度的影响[59]。基于创新视角，Brem 等以经合组织的纵向专利数据为样本，通过评估 2008 年金融危机和全球化对创新的影响分析了主导技术的形成，并得出结论：重大金融危机对主导技术形成产生负面影响；与 2008 年金融危机之前相比，在 2008 年金融危机之后，全球化对主导技术形成的作用更为重要；在 2008 年金融危机之后，以科学为基础的产业比其他产业拥有更多的主导技术[60]。此外，陈圻和陈国栋通过引入创新驱动因素、创新类型耦合以及路径组合简并概念，证明技术演化中主导技术形成之前路径组合的简并状态与传统的创新双动力模式一致，多种驱动力组合路径是主导技术形成后解耦分支演化的结果[11]。

1.2.2.4　主导技术的影响因素研究

部分学者关注主导技术的单一影响因素。例如，Cusumano 和 Gawer 基于新产品发展的理论分析了公司战略与主导技术平台之间的关系并建议企业与互补产品的生产者搭建良好关系，进而实现提高产品对顾客的吸引力的目标[61]。与之类似，Funk 以无线通信产业为案例，剖析了企业行为对主导技术的影响并发现来自互补性资产所有权的微弱信息优势的重要作用[62]。李冬梅和宋志红基于社会网络理论，通过对激光光盘行业 BD vs. HD DVD 标准竞争的案例研究，考察了技术标准开发前技术发起者的网络模式对标准联盟及主导技术产生的影响[7]。基于竞争视角，Simon 和 Tellier 根据弹球机的五个主要制造商 1930~2014 年的数据分析了主导技术的发展并指出，制造商之间特定的横向竞争关系可以影响行业主导技术的发展[63]。

基于上述文献，学者们对主导技术的多元影响因素进行了总结，例如，基于公司层面和环境层面，Suarez 综合考虑了社会、政治、组织的因素并建立了影响主导技术的整体框架，其中，技术优越性、互补资产及信用度、安装基础、战略灵活性是公司层面的影响因素；规则、网络效应及转换成本、独占性体制、技术领域的特征是环境层面的影响因素[4]。刘志阳研究了新兴产业主导技术的主要特征和形成过程，研究表明，系统技术优越性、可升级性、联盟治理能力、初始用户基数、金融资本的催化以及国家的作用六大要素对主导技术产生影响[51]。在此基础上，他提出了技术标准推广策略、联盟策略和控制策略等战略性新兴产业主导技术的竞争策略。此外，戴海闻等利用 2004~2012 年中国车辆标准数据和 443 家汽车企业专利数据，分析了影响标准联盟组合的关系资本与高技术产业主导技术之间关系的中介变量并指出，探索式创新在商业关系和政治关系影响高技术产业主导技术的过程中都产生中介作用，而利用式创新只在标准联盟组合的商业关系与高技术产业主导技术的关系间发挥中介影响[2]。

1.2.3 MLP 分析框架的相关研究

近年来，社会—技术转型理论受到越来越多的关注，其中 MLP 作为一种社会—技术系统多层分析方法[14, 64]，已成为技术变化和转型研究中的重要分析工具[65, 66]。Geels 在欧洲蒸汽机轮船技术的案例研究中首次提出了 MLP 分析框架[14]。在此项研究中，他通过研究生态位、技术域、社会技术地景三个不同层面的相互作用，解释了技术形成与转型的过程和作用机理。随后，Geels 分别对从马车到汽车、从螺旋桨飞机到涡轮喷气飞机航空系统的技术转型过程进行历史案例研究。研究表明，技术转型符合 MLP 分析框架下的技术替代路径；特定生态位和更广泛的社会技术地景在竞争中发挥关键的作用[65]。自此，国内外学者主要从单一层面和整体交互视角两方面展开了详细研究。

1.2.3.1　基于 MLP 单一层面的相关研究

一部分学者基于 MLP 的单一层面展开了研究，在微观生态位层面，Schot 和 Geels 等指出，持续创新对刺激技术生态位的形成具有促进作用。在此项研究中，他认为技术生态位是新技术萌芽的"培养皿"，有利于避免新技术刚产生就与传统技术在主流市场中相竞争[67]。与之类似，Magnusson 等基于对两种相互竞争的重型运输技术创新系统（沼气和电气化）的比较案例研究结果指出，新技术需要首先进入受保护的生态位，以便进行实验、适应和学习，但是保护政策应该是暂时的，需要逐步减少对特定技术的支持，以避免该技术变得依赖于生态位的永久保护，并建议将不成熟系统的生态位培育与重新部署到更成熟系统的新市场领域相结合[68]。在中观技术域层面，Konrad 等基于 MLP 对德国公用事业进行了案例研究，明确了公共事业领域（技术域）中消费、生产和治理的动态联系，并探讨了生态位和社会技术地景对公共事业领域转型路径的影响[69]。薛奕曦等则基于社会—技术转型理论和 MLP 框架研究了汽车领域（技术域）内各要素的动态联系和互馈机制，并在此基础上结合社会—技术情景方法，勾勒出我国现行汽车领域向新能源汽车转型的基本情景[70]。在宏观社会技术地景层面，陈卓淳和姚遂指出，我国向低碳电力系统转型的方式将受到目前电力系统所处的社会经济技术体制的约束，并从电力需求、行业定价机制、电源结构和系统运行机制等方面，重点分析了我国电力系统现行体制的动态变化[71]。Liu 和 Shiroyama 则从技术创新理论的视角出发，以中国太阳能光伏发电技术为研究对象，考察了其在生态位、技术范式和社会技术地景三个层次之间的相互作用，并指出中国的宏观环境适合太阳能光伏产业的发展[72]。

1.2.3.2 基于 MLP 整体性交互视角的相关研究

另一部分学者基于整体性交互视角展开了研究，例如，孙启贵基于 Geels 的理论研究，引入和发展了社会—技术系统的概念和方法，将技术创新放在一个更广泛的社会文化背景下，提出了由生态位、社会—技术域和地景等所构成的社会—技术系统多层分析框架，分析了社会—技术系统、行动者和制度三者之间的六种互动机制，并运用多层分析框架探讨了社会—技术系统从生态位到社会—技术域再到社会技术地景的创新演化过程[73]。成伟华基于社会、技术改造多层次的视角框架，分析我国汽车领域各要素间的动态联系和相互反馈机制，并结合社会场景技术的现状，得出当前汽车领域对新能源汽车改造的基本情况，最后提出了推进我国汽车转型升级的对策建议[74]。与之类似，Berkeley 等运用 MLP 分析方法阐述了欧洲电动汽车的发展和汽车自动驾驶的转变，发现环境和能源安全压力为纯电动汽车（BEVs）创造了有利的发展前景，进而鼓励和促进了制造商承诺[75]。Forbord 和 Hansen 以挪威 Trøndelag 的沼气生产和公共交通为案例，采用 MLP 分析框架研究了社会技术在 1990~2019 年的可持续转型过程以及成功实施可持续转型的原因，从而提出了促进可持续发展的对策和建议[76]。

1.2.4 动态竞争的相关研究

1.2.4.1 动态竞争研究概述

目前，动态竞争（Competitive Dynamics）受到越来越多的关注，已成为战略管理和技术管理研究中的重要理论视角[77]。动态竞争理论认为，某个或者某些企业采取的一系列竞争行动，会引起竞争对手的一系列响应行为，这些响应行为又会影响先动企业竞争优势的获取程度和下一步竞争行为的选择与实施[78]。与其他战略分析理论和框架相比，动态竞争理论更加强调行业内竞争对手之间的互动性，主要基于竞争战略是动态的这一前提，对行业内企业的竞争行为之间表现出的互动关系与规律性进行思考[79, 80]。

基于动态竞争的核心思想，国内外学者围绕 AMC（Awareness Motivation Capability）模型、竞争交互（攻击/反击）、竞争行为等方面展开了一系列研究。在 AMC 模型方面，Chen 提出了 AMC 模型，作为企业竞争行为的驱动因素，即只有当企业察觉到竞争威胁/机会，并具有反击/攻击的动机和能力时，才会产生反击/攻击行为[81]。AMC 模型作为连接企业内外部环境和具体战略决策的桥梁[82]，广泛应用于动态竞争环境下企业竞争行动决策机制[83]、组织变革过程[84]、企业识别创新机会[85] 以及研发强度[86] 的影响因素等问题的分析。在竞争交互方面，企业之间的竞争交互（攻击/反击）是动态竞争研究的核心。企业的攻击行为能够侵蚀竞争对手的市场占有率或降低竞争对手的预期回报，反击行为是应对攻击所采取的行动，目的是维持竞争地位或扭转竞争颓势[87]。理论研究主要基于两种方法：第一，采用博弈论或行为科学方法作为工具剖析竞争互动行为选择机制[88]；第二，通过案例研究揭示竞争互动的过程和规律[89, 90]。在竞争行为方面，学者主要基于行动次序、行动级别和行动内容三个视角对动态竞争行为进行分类。基于行动次序视角，竞争行为可划分为攻击行为和响应行为两类[91, 92]；基于行动级别视角，竞争行为包括战略行为和战术行为两类[93]；基于行动内容视角，竞争行为可分为营销竞争行为和研发竞争行为[94]。在此基础上，学者从不同行业、不同视角探讨了竞争行为的多样性[95]、竞争行为的数量和种类[96] 对企业绩效的作用机制。

1.2.4.2　关于主导技术形成的动态竞争研究

针对主导技术形成的动态竞争研究是目前学术界的一个前沿问题，根据其关于竞争优势的假设条件不同大致可以分为以下三类研究：第一类研究假设在主导技术形成机理下在位者技术处于"绝对劣势"。其中，大部分文献聚焦探析在位者是否以及如何跟踪（或模仿）主导技术形成[97, 98]。少数研究则基于这一假设，剖析在位者如何在技术形成和"跨界"进入下通过再定位等转型战略转变并延续技术优势[79]。第二类研究则认为，进入者是"暂时劣势"的一方，在创新进入者与在位者的"红皇后"竞争[99, 100]情境下分析进入者主动融入在位者技术市场中的过程[101]。不同于上述两类研究，第三类研究从技术竞争优势视角研究主导技术形成并指出，在不同市场情景下，在位者持有的技术和进入者拥有的技术均有可能具有竞争优势。例如，熊红星认为，在老用户可以免费升级的耐用品市场上，后发技术标准具有竞争优势，后向兼容、市场增长进一步加强了后发优势[102]。但是，先发技术标准的安装基数、消费者对后发技术标准性能的不确定性，削弱了后发技术标准的竞争能力，增强了先发技术标准的竞争能力，尤其在老用户不能升级产品的市场中，先发技术标准具有明显的竞争优势。

1.2.5 基于 Agent 的建模与仿真及其在创新管理领域的应用

基于 Agent 的建模与仿真（Agent Based Modeling and Simulation，ABMS）作为一种新的研究方法，可以呈现 Agent 的行为、Agent 之间的交互、Agent 与环境之间的交互，自下而上地仿真现实世界，考察系统的"涌现"[103]，从而实现了个体的微观行为与系统的宏观"涌现性"的有机结合[104, 105]，因而创新管理领域的学者广泛采用该方法研究复杂性问题[106]。目前，学者主要从主体视角、技术视角以及知识视角出发，运用 ABMS 对创新管理问题进行研究[107-109]。

1.2.5.1 基于主体视角的创新研究

创新主体具有多元化特征，企业、高校和科研院所均是创新活动的重要主体[110]。Albino 等运用 ABMS 研究不同情境下企业的本地学习、交互学习、研发行为以及对用户需求的响应行为等一系列行为对产业集群中创新过程的涌现和演化的影响,他们发现,在不同创新环境中,采用不同的学习过程的企业经营效益不同[111]。邵景峰等采用基于 Agent 理论方法,构建了一个主体间协同创新的动力结构模型,对各主体 Agent 的功能、相互间的协同工作过程和动力机制进行了设计,进而对产学研各主体间的协同创新关系进行了研究[112]。王小磊等则参考复杂适应系统理论中的"刺激—反应"模型,考虑产品创新的知识创造特征,建立了客户协同产品创新主体模型,并基于"刺激—反应"模型探索了创新主体行为模式[113]。

1.2.5.2　基于技术视角的创新研究

Wersching 基于 Winter 关于熊彼特竞争的观点,从技术发展视角出发,建立了基于 Agent 的仿真模型,捕捉了创新产业中企业间竞争动态以及技术体制和知识溢出对创新的影响[114]。Lopolito 等则通过建立基于 Agent 的模型来研究期望机制、网络机制和学习机制这三种机制的交互,以及政府干预对技术生态位发展的影响,证明了上述三种机制间的相互作用以及政府干预对新技术的发展和扩散的重要性[108]。任海英和史艾娜指出,太阳能电池技术的发展和完善过程是由企业和消费者等众多创新主体共同参与建立和求解一系列优化问题的过程,这些优化问题的求解主要通过各个企业对自身技术的改变、对其他企业技术的学习以及市场优胜劣汰来实现[115]。在此基础上,他们建立了一个太阳能电池技术演化模型,并模拟了太阳能电池技术演化的动态过程,分析了创新成本率对该技术演化轨道的影响。此外,Schiera 等基于技术视角考虑了现实世界中社会结构和同伴互动方面的复杂性和异质性,并建立了 ABM 模型评估了光伏技术的时空扩散[116]。

1.2.5.3　基于知识视角的创新研究

黄玮强等在企业间知识水平动态互补性基础上,通过刻画合作伙伴选择、知识学习及创新机制建立企业集群创新网络演化模型，并运用多智能仿真方法研究了创新网络的动态演化规律、集群创新潜力与网络演化的内在关系以及网络位置与创新绩效的关系等[117]。禹献云等从知识扩散与知识创新两个方面进行了创新问题的理论分析，构建了基于多 Agent 的技术创新网络知识增长过程的模型，并采用 NetLogo 软件对网络密度与技术创新网络知识增长之间的倒"U"型关系进行了仿真检验[118]。Çevikarslan 综合考虑了市场的供需面和微观层面上异质消费者偏好、异质企业知识基础和技术水平的共同演化，设计了基于多主体的企业层面创新积累模型；并进一步指出，专利长度对市场结果有连续的影响，而专利宽度对市场结果有不连续的影响，最佳的专利政策是在有限的时间内拥有广泛专利的温和政策[109]。Zheng 等借鉴创新扩散（DoI）理论的观点构建了信息系统知识/态度扩散的 ABMS 模型并进行了仿真，结果表明，"知识协调"和"关系协调"对信息系统机会的识别都有积极影响，而促销策略绩效在很大程度上取决于动员能力和具体解决方案的特点[119]。

1.2.6 现有研究的评述

结合以上对国内外相关研究的文献分析可以看出，学者对于数字创意产业、主导技术、MLP 分析框架以及基于 Agent 的建模与仿真等方面进行了一系列的研究，并取得了较丰富的研究成果。关于数字创意产业的界定、特征以及发展机制的研究已经较为成熟；对主导技术的研究也已经初具规模，同时，基于生态学思想和 MLP 分析框架进行了一定的技术形成和发展研究，并取得了阶段性的成果，揭示了数字创意产业主导技术形成的相关规律与机制；基于 Agent 的建模与仿真逐渐成为创新管理领域新的研究方法和技术手段，已在不同视角下的创新研究中发挥重要作用。但是，目前已有研究成果在内容和方法等方面仍需要进一步加强与突破。

第一，数字创意产业领域的主导技术研究较为浅薄，学者关于如何界定主导技术内涵观点不统一，且多集中于微观视角，缺少基于中观视角的主导技术研究。因此，从数字创意产业这一中观视角研究主导技术，有利于扩充主导技术的相关理论。

第二，对于主导技术形成的研究主要集中于对其影响因素等方面，关于主导技术形成机理的研究目前尚未形成系统的框架或体系。然而，研究主导技术形成是促进产业技术进步的重要前提，因而综合系统地研究主导技术的形成机理将是一个亟待解决的重要问题。

第三，虽然已有少量文献研究主导技术的形成问题，但学者主要从单一层面展开研究，且主要集中在微观层面，鲜有研究将 MLP 分析框架引入，从多层面分析数字创意产业主导技术形成机理。鉴于数字创意产业主导技术形成是一个多层次、综合性的社会经济过程，分别探究生态位层面、技术域层面、社会技术地景层面的数字创意产业主导技术形成规律和特点，并自下而上地分析不同层次的主导技术形成机理，对促进数字创意产业主导技术形成问题的研究尤为重要，值得学者对其进行深入探讨。

第四，现有研究对于主导技术形成机理仅局限在对其现象的解释与影响因素的分析上，且主要以调查、访谈、专利数据、文献数据等为依托，而直接针对主导技术形成的动态过程进行研究并构建仿真模型的成果甚少，且由于主导技术形成的动态复杂性，已有研究方法难以深入揭示主导技术形成的动态过程。因此，探求基于 Agent 的建模与仿真研究范式与主导技术形成问题的结合，构建主导技术形成机理模型并进行仿真模拟，将成为主导技术形成领域研究的热点。

1.3　本书的总体思路与研究方法

1.3.1　本书的总体思路与研究内容

本书将按照"理论基础—机理分析—模型仿真—对策研究"的思路，分别基于 MLP 分析框架的生态位、技术域、社会技术地景三个层面展开研究。

1.3.1.1　理论基础

理论基础包括本书的第 1 章和第 2 章。首先，本书在全面厘清数字创意产业、主导技术、MLP 分析框架、基于 Agent 的建模与仿真等方面相关文献的基础上，对已有研究进行归纳和总结；其次，对数字创意产业主导技术进行界定，提炼和概括其基本特征；最后，基于 MLP 分析框架的相关理论，分别介绍数字创意产业的技术生态位、技术域以及社会技术地景的相关概念，并分别通过数字创意产业技术生态位与生物生态位的同构性分析、数字创意产业技术域种技术种群与同一地域生物种群的同构性分析、数字创意产业社会技术地景与自然生境的同构性分析，阐述采用 MLP 框架分析主导技术形成问题的合理性和可行性，并搭建数字创意产业主导技术形成机理的 MLP 分析框架。

1.3.1.2　机理分析

机理分析包括本书的第 3 章至第 5 章。首先，构建生态位层面数字创意产业主导技术形成的基本框架，并在生态位重叠条件下探讨数字创意产业主导技术形成机理；其次，在技术域层面，分析竞争关系下不同因素对数字创意产业优势技术标准形成的影响，进而探析技术域层面主导技术形成机理；最后，提出社会技术地景层面数字创意产业主导技术形成的基本框架，并基于复杂适应系统理论研究在社会技术地景刺激下，数字创意产业优势技术标准的反应过程，从而分析社会技术地景层面数字创意产业主导技术的形成机理。

1.3.1.3 模型仿真

模型仿真包括本书的第3章至第5章。首先，仿真揭示生态位重叠情况下数字创意产业"主导技术优势种"的形成过程；其次，数值模拟技术域层面新新技术标准、新旧技术标准竞争关系下"优势技术标准"的形成规律；最后，仿真验证社会技术地景层面数字创意产业主导技术形成的动态机理，并分别归纳生态位、技术域、社会技术地景三个层面的数字创意产业形成的时空交互过程和动态规律。

1.3.1.4 对策研究

主要为本书的第6章。结合前文的基础理论和主导技术形成机理的分析，参考基于 MLP 分析框架的数字创意产业主导技术形成的仿真研究，设计了总体对策框架，并基于该框架从生态位、技术域和社会技术地景三个视角分别提出促进数字创意产业主导技术形成的对策建议。

本书在第7章对全书进行了结论性论述。

本书的研究框架如图 1-1 所示。

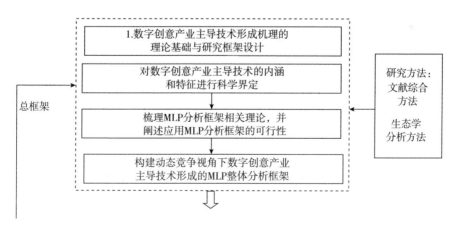

图 1-1 本书的研究框架

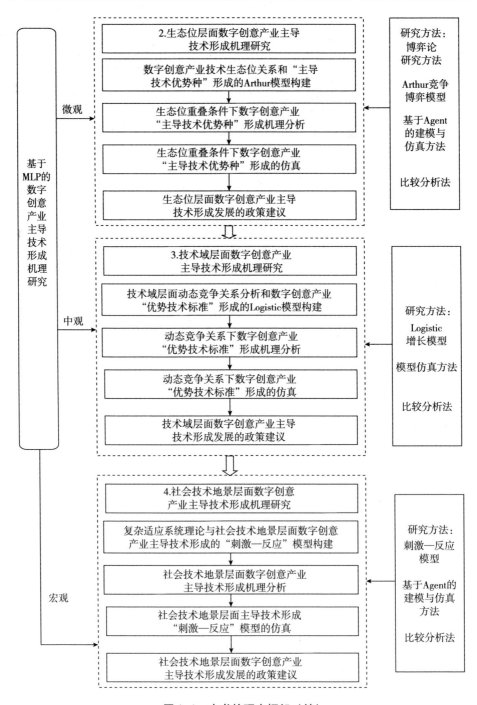

图 1-1 本书的研究框架（续）

1.3.2　本书的研究方法

本书拟结合理论研究和仿真研究，分别从生态位层面、技术域层面和社会技术地景层面出发，分析和揭示基于动态竞争视角的数字创意产业主导技术的形成机理，运用仿真方法进行模拟并提出相关政策建议。具体的研究方法如下：

1.3.2.1　文献综合方法

通过查阅图书馆资源和电子资源，基于本书的研究主题和边界，对数字创意产业、主导技术、MLP 分析框架、动态竞争、基于 Agent 的建模与仿真等相关领域的前沿文献和经典文献进行研读，厘清数字创意产业、主导技术、MLP 分析框架、动态竞争、基于 Agent 的建模与仿真等领域的研究发展现状，并知悉关于数字创意产业的定义和特征、主导技术的内涵和特征、MLP 分析框架的主要观点，动态竞争的核心思想，基于 Agent 的建模与仿真的应用范畴为后续项目研究和框架设计奠定理论基础。

1.3.2.2　生态学分析方法

本书基于生态学方法进行数字创意产业主导技术形成机理的研究。本书以生态学思想和生物进化论为基础，将技术生态位与生物生态位、技术域中技术标准与同一地域的生物种群、社会技术地景与自然生境相类比，分别从生态位、技术域和社会技术地景等微观、中观和宏观三个层面入手，分析各类技术决策主体的动态竞争关系，构建数字创意产业主导技术形成机理研究的基本框架。

1.3.2.3　博弈论研究方法

本书的数字创意产业主导技术形成机理研究将以竞争博弈为理论基础，构建生态位层面数字创意产业"主导技术优势种"形成的 Arthur 竞争博弈模型，用于分析生态位重叠关系下"主导技术优势种"的形成过程，从而挖掘基于动态竞争视角的生态位层面数字创意产业主导技术形成机理。

1.3.2.4 模型仿真方法

本书关于数字创意产业主导技术形成的模型仿真将运用基于 Agent 的建模与仿真方法。本书分别构建生态位层面数字创意产业"主导技术优势种"形成的 Arthur 模型、技术域层面数字创意产业"优势技术标准"形成的 Logistic 模型、社会技术地景层面数字创意产业主导技术形成的"刺激—反应"模型，并分别根据上述模型，采用 Netlogo、Matlab 等仿真软件对不同层次下基于动态竞争视角的数字创意产业主导技术形成机理进行模拟和综合分析。

1.3.2.5 比较分析法

通过系统对比与梳理国内外数字创意产业相关的重大政策和已有研究，并对不同层面的数字创意产业主导技术形成过程和规律进行比较和剖析，总结出适合我国数字创意产业主导技术形成发展的政策建议，保证政策建议的科学合理性以及整体构架的理论与实践价值。

1.4 本书的创新之处

本书的创新之处主要表现在以下五方面：

第一，本书基于 MLP 分析框架，从生态位、技术域和社会技术地景三个层面分析数字创意产业主导技术形成的过程和规律，为主导技术形成研究搭建了新的研究框架。

第二，从生态位层面出发，建立了生态位重叠条件下数字创意产业主导技术形成的 Arthur 模型，探究了不同技术生态位关系下数字创意产业主导技术优势种的形成机理，并使用仿真方法进行了模拟和验证。

第三，从技术域层面出发，构建了竞争关系下数字创意产业主导技术形成的 Logistic 模型，分别分析了新新技术标准竞争关系、新旧技术标准竞争关系下数字创意产业优势技术标准的形成机理，并采用仿真分析方法对优势技术标准的形成机理加以验证。

第四，借鉴复杂适应系统理论和"刺激—反应"模型的基本框架，本书建立了社会技术地景层面高技术主导技术形成的"刺激—反应"模型，阐述了社会技术地景对优势技术标准的选择过程、优势技术标准对社会技术地景的反应过程，并采用基于 Agent 的建模与仿真方法加以验证。

第五，本书以仿真研究为基础，梳理促进数字创意产业主导技术形成的总体思路，分别以企业、行业管理者和政府为立足点，设计了总体对策框架，并基于该框架从生态位、技术域和社会技术地景三个视角分别提出促进数字创意产业主导技术形成的相关对策，为促进主导技术形成实践提供了一定的参考。

第2章 数字创意产业主导技术形成机理的理论基础及研究框架设计

本章界定数字创意产业主导技术的内涵，从生态学视角系统阐述数字创意产业 MLP 分析框架的相关概念和理论基础，并结合 MLP 分析框架提出本书的整体研究框架，以期为下文基于 MLP 分析框架研究数字创意产业主导技术的形成机理奠定理论基础。

2.1 数字创意产业主导技术的相关概念及理论基础

2.1.1 数字创意产业的内涵

目前，学术界对数字创意产业的定义尚未达成统一，主要分为以下三类观点：第一类观点从文化产业延伸和转型的视角界定数字创意产业。例如，

Ma 等提出数字创意产业是传统创意产业发展的新阶段、新形态[15]。Khlystova 等则指出数字创意产业是源自个人创造力、技能和人才，并通过产生和利用知识产权创造财富和就业机会的行业[16]。国内学者龚伟林等、王博和张刚均认为，数字创意产业是建立在创意资源基础上，运用现代数字技术、网络技术和大众传播技术等，以人的创造力为动力的企业及以数字化、网络化生产方式进行文化价值的创造和传播等活动的产业，也包括运用文化创意和数字技术提高传统文化产业附加值的产业[17, 18]。第二类观点试图跳出文化产业，开始从新经济的角度对数字创意产业进行界定，王红梅等、Xie 等均提出，数字创意产业是指以互联网技术和核心数字化为基础，从事创意文化内容生产、流通和服务的产业集合，是新经济的重要组成部分[19, 20]。第三类观点表明，数字创意产业是科学技术与文化创意有机融合的创新产物。臧志彭、陈刚和宋玉玉一致指出，数字创意产业是技术与内容相互融合的新型产业形态，是以创意内容为核心，依托数字技术进行创作、生产、传播和服务，引领新供给、新消费高速成长的新型业态[21, 22]。

本书认为，数字创意产业是以数字通信、互联网等信息技术为基础的产业，是以创意内容为核心，将传统图像、文字、电影、声音、数据等产品和服务数字化并提供给客户的新兴产业，属于高智能化、高附加值、高增长、高科技密集型产业，其本质是信息技术与文化创意产业高度交叉融合的产业集群，同时具有明显的数字化生产、网络传播和个性化消费特征。

2.1.2　数字创意产业主导技术的内涵与特征

2.1.2.1　数字创意产业主导技术的内涵

迄今为止，关于如何界定主导技术，学术界尚未达成共识，通过第 1 章对现有文献的梳理与总结可以发现，虽然学者观点各异，但主要从以下两个方面阐述主导技术的内涵：第一，单一技术视角下，主导技术是指在一定时期内能够打破原有技术体系的平衡，从而导致其他部门的技术创新、技术革命直至产业革命的连锁反应的技术，它在一定程度上决定着技术进步的主攻方向，是构建技术体系的基础[42-44, 120]；第二，集群技术视角下，认为主导技术和主导设计含义相同，主导设计是在特定时间内广为接受的一个满意新产品，这个新产品凝聚了单个技术创新，它是技术和市场共同交互影响的产物，代表着获取市场信任和以创新者为领导的追随者务必遵循的一种设计[5, 6, 54]。

以上对于主导技术的概念界定具有以下几个方面的含义：第一，与相互替代性技术相比，主导技术具有明显的市场份额优势，且近期这种优势仍在不断扩大；第二，主导技术是赢得市场信赖的和创新者为支配重要的市场追随者而必须奉行的，且被用户广为接受的特定技术；第三，主导技术是技术、市场、制度和社会等不同因素共同影响产生的，其中，市场因素起着关键作用[52, 121]。

综上所述，沿袭王弘颖关于主导技术的定义[120]，本书认为，数字创意产业主导技术是指在一定时期内能够打破原有技术体系的稳定和平衡，在技术可能性与市场选择交互作用下被广泛采纳，进而引发数字创意产业革命直至其他部门的技术创新、技术革命的连锁反应的技术。

同时，本书将 Suarez 提出的主导技术判别方法作为数字创意产业主导技术的判断标准，即：第一，有明显的标志象征着最主要的相互替代性技术放弃了积极竞争，因而直接或间接承认失败；第二，具有明显的市场份额优势，并且近期的市场趋势说明这种市场份额优势仍在不断扩大。若上面两个事件中有一个或全部发生，那么某项特定技术就赢得了主导地位[4, 122]。

需要特别说明的是：根据创新扩散理论，市场份额是指某一技术的用户采纳数量占整个产业中同类技术市场的所有用户的比重，反映技术在市场上的地位。通常一项技术的市场份额值越高,该项技术的竞争力越强。鉴于此,本书关于主导技术形成的所有研究,包括生态位层面、技术域层面、社会技术地景层面和 MLP 多层面整体性研究一律采用"用户采纳数量占比"来衡量数字创意产业主导技术的市场份额。

2.1.2.2 数字创意产业主导技术的特征

基于数字创意产业主导技术的内涵,本书参考吴定玉和张治觉、王弘颖的观点[3][120],提出数字创意产业主导技术具有以下四个基本特征:

(1) 领先性特征。

领先性是数字创意产业主导技术的特征之一。数字创意产业有知识、技术密集性和高创新性特征,科技的发展与创新是其存在的基础和发展的根本动力;同时,与传统产业相比,数字创意产业内的企业多为市场的开拓者和领跑者,它不仅服务于现有市场,满足现有市场的需求,更多的则是以其技术或产品去开拓市场,引领市场消费[123]。因此,在分析数字创意产业主导技术的领先性特征时,不仅需要考虑数字创意产业主导技术在技术方面的领先性,还需要重视其在市场层面的开创性。因此,数字创意产业主导技术的领先性主要表现为技术上的领先和市场的开拓。具体来说,针对技术上的领先,也可以说是技术上的创新,是根本革命性的创新,这种创新不一定表现出最尖端的技术性能,但众多主导技术都体现出技术一流的特点;针对市场的开拓,这与技术创新紧密相连,是技术创新在市场上的体现,是技术与市场融合时挖掘新需求和开拓新市场的主要表现[3]。

(2) 主导性特征。

数字创意产业主导技术最核心的特征是主导性,是指主导技术对高技术市场的领导力量或对市场掌控的内在基因[124],主要表现在以下三方面:第一,主导技术轨道或范式的方向。由于数字创意产业具有高成长性特征,数字创意产业的产品可以通过独特的技术优势快速占领市场[125]，因此，在数字创意产业中，率先发展起来的技术可以借助先占优势地位促使技术轨道惯性向自己的生态场靠拢，在马太效应影响下达到自我强化的良性循环，进而获得主导技术的领导能力。第二，支配消费领域的市场偏好方向。数字创意产业中的企业往往以集群或联盟的网络群体形式呈现在市场中，与单一企业的个体形式相比，聚集群体能够为数字创意产业的市场带来更强的网络外部性[126]。在较强的网络外部性及由网络外部性引发的潮流效应（Bandwagon Effect）的共同影响下，数字创意产业主导技术使消费领域产生强大的市场偏好，绝对主导着消费者和用户的市场采纳行为。第三，主宰生产领域的效率方向。数字创意产业市场中存在效率效应（Efficiency Effect），因此，利润增加是引导产业结构发展方向的风向标。主导技术形成削弱了技术进步的不确定性，引导制造商与运营商的生产研发方向。并且当多个厂商统一于某种主导技术导向时，这些厂商为了持续取得已有利益，甚至会统一联盟抵制其他技术，即使后者比前者技术性能更好。

（3）综合性特征。

数字创意产业具有综合性。关联行业相互竞争或合作导致数字创意产业主导技术形成过程中涉及的部门、上下游供应链、竞争合作伙伴等相关群体尤为庞大且分布较为广泛。因此，数字创意产业主导技术也是一定时期内多种因素共同作用形成的，这些因素包含技术因素和非技术因素，例如，体现厂商特质的涵盖市场渠道和顾客转换成本等内容的附属资产，行业法规和政府干预，厂商的战略机动，厂商与用户交流的方式等因素均可以影响主导技术形成[3]。

（4）高渗透性特征。

数字创意产业具有高渗透性。数字创意产业主导技术可以通过渗透促使传统产业的技术基础和产业结构产生根本性的改变。这种渗透可以作用于特定工序的专业技术以及各种环境的通用技术，所以在国民经济的各个领域具有广泛的适用性和极强的渗透性，进而提高了其相关产品的竞争力，推动了产业结构优化升级[127]。

2.2　数字创意产业主导技术形成的分析框架及理论基础

2.2.1　MLP 分析框架的相关概念

MLP 分析框架源自荷兰屯特学院的半演化理论，是由 Geels 等基于演化理论、创新理论提出，吸收了技术哲学观点，通过分析生态位、技术域、社会技术地景三个层面的交互作用来研究技术变迁的过程和作用机理。新技术如何能够与社会技术地景（Socio-technical Landscape）建立起连接，克服旧范式而建立新范式，这就是 MLP 分析框架要解决的问题。由此，Geels 基于蒸汽机轮船技术演化的案例分析提出了从生态位到社会技术地景的 MLP 分析框架。近年来，MLP 分析框架已成为一种研究技术变迁问题的重要分析工具[14]。

技术变迁的 MLP 分析框架模型如图 2-1 所示。在图 2-1 中，生态位（Niches）是由小规模创新网络构成的对新技术的保护空间[65]。技术域（Regimes）是指不同社会群体共同遵守并执行的一系列规则[64]。社会技术地景（Socio-technical Landscape）表示作用于生态位和技术域层面创新过程的外部环境，由诸多外部因素构成，如经济增长、战争、移民、政治联盟、价值标准、环境问题等[14]。

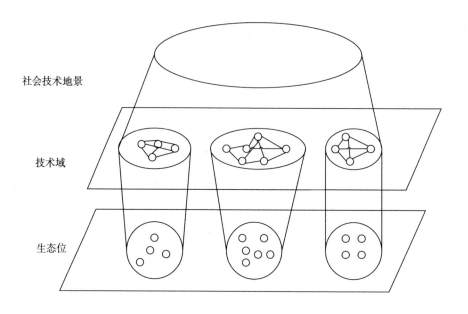

图 2-1　技术变迁的 MLP 分析框架模型

目前，在技术变迁领域，学者大多采用案例研究方法探究 MLP 分析框架下的技术变迁问题。Geels 分别对从马车到汽车、从螺旋桨飞机到涡轮喷气飞机航空系统的技术变迁过程进行了案例分析后发现，技术变迁属于 MLP 分析框架下的技术替代路径；特定生态位和更广泛的社会技术地景在竞争中具有重要影响[65, 66]。Smith 通过以英国食品和住房领域为对象的案例分析并指出，多层次之间作用路径对生态位和技术域的可持续发展时间产生影响[128]。薛奕曦等基于 MLP 分析框架研究了中国传统汽车产业范式向新能源汽车转型的基本情境并提出，中国新能源汽车转型是一个不确定的、复杂的长期过程[70]。由此判断，运用 MLP 分析框架研究新技术长期的动态发展变化问题，且因 MLP 分析框架具有明显优势，进而为探讨以新技术演化研究为核心的主导技术形成问题搭建了理论框架。

2.2.2　数字创意产业技术生态位的相关概念

2.2.2.1　数字创意产业技术生态位的内涵

MLP 分析框架的微观层面是生态位层面。已有关于种间关系和物种进化的研究广泛采用生态位理论[129]。Grinnell 通过研究加利福尼亚长尾鸣禽的生态位关系，首次提出了生态位并将其界定为恰好被一个种或一个亚种所占据的最后分布单位[130]。Schot 和 Geels 最早提出技术生态位的概念，他们认为技术生态位是指能够提供技术可持续发展的保护空间[67]。Weber 和 Hoogma、Weber 提出，技术生态位是一个为新技术发展提供暂时保护免于其受到主流市场或其他制度约束的特定领域[131, 132]。随后，Geels 提出生态位是新技术的"孵化器"，当新技术出现后，它将在孵化空间进行培育和发展，其目的在于保护新技术暂免于主流市场冲击，进而有机会走向成熟[14]。

综上所述，基于陆小成的研究[129]，本书认为，数字创意产业技术生态位是指在一定时间和空间内技术环境所提供的各种可利用科学技术资源的集合，是为突破性的新兴技术提供的一个避免与主流技术竞争的短暂保护空间。

2.2.2.2　数字创意产业技术生态位与生物生态位的同构性分析

近年来，运用生态学思想来解释技术的社会形成问题逐渐成为理论界研究的热点。本书从生态学角度将生物生态位与技术生态位对比并发现，两者存在同构性，具体表现为以下三个方面：

（1）生物基因与技术基因的同构性。

生物基因是携带遗传信息的 DNA 片段，可以决定生物性状[133, 134]。生物可以通过基因的复制和遗传功能将基因传达给下一代，可见，基因的复制和遗传也就是信息的传递和表达。与之类似，技术是知识经济系统内的一个生命体，技术基因包括支撑技术的知识、实现方式和工艺流程等一系列信息集合。与生物个体可以凭借复制其 DNA 而达到克隆该个体的目的一样，技术基因也具有遗传和复制的功能，企业借助某种技术的内在信息实现复制该技术的目标[135]。

（2）生物竞争与技术竞争的同构性。

生态系统中物种占据一定的生态位，在对空间、资源的分割和占有的过程中产生竞争关系[136, 137]；技术生态位是技术的生态环境提供给技术的各种资源的集合[138]。当技术生态位发生重叠时，同类技术为了获取有限的资源、争夺市场和人才等展开竞争[139]，技术的生态位重叠程度越大，技术间的竞争就越强烈。

（3）生物互利共生与技术合作共生的同构性。

在技术生态中，不同生态位技术之间的相互作用关系与生物界种间互利共生关系具有一定的同构性[140]。种间互利共生一般指一种生物生活于另一种生物的体内或体外而相互有利的关系[141]。相应地，某项技术的共生技术包括其支撑技术、互补技术以及配套技术等[142]。这种技术生态关系是技术生态位差异化而导致的正向相互作用，对共生的技术双方均是必要的，缺少其中的一方，另一方就不能推广应用或经济效应受到影响[143, 144]。可见，数字创意产业技术生态位与生物生态位具有同构性。

综上所述，数字创意产业技术生态位与生物生态位具有同构性。因此，本书认为，采用生态位的理论和方法分析数字创意产业微观层面的相关问题合理可行。

2.2.3 数字创意产业技术域的相关概念

2.2.3.1 数字创意产业技术域的界定

技术域层面是 MLP 分析框架的中观层面。所谓技术域，是指在统一的科学原理和技术知识背景下形成的技术体系，以及由这些体系组成的技术发展及研究领域[145, 146]。Rip 和 Kemp 指出，技术域是指一系列规则集或语法集，嵌入了与科学知识的关联、工程实践、产品过程技术、产品特性、工艺和程序，涵盖了处理相关人工物的方法和人员，以及决定问题的方法等所有与技术相关的系统和结构。技术域是构思、开发和引入的微观特定的创新和宏观的社会技术地景之间的媒介[64]。

基于此，Geels 进一步指出，技术轨迹不仅受到工程师的影响，还受到用户、政策制定者、社会团体、供应商、科学家、资本银行等的影响，由此将技术域扩称为社会—技术域（ST-regimes），指代不同社会群体所遵循的半连贯规则[14]。随后，孙启贵认为，社会—技术域是位于微观生态位和宏观地景之间的中观层次，由技术、用户或市场、科学、政策和社会文化等异质性要素组成[73]。与之不同，薛亦曦等认为，社会—技术域是 MLP 的核心层，包含三个维度：社会—技术布局、社会行为主体以及规则。其中，社会—技术布局由社会中占支配地位的要素组成，包括技术、市场、文化、基础设施、科技知识、政策以及产业结构；这些要素及其相互联系是社会行为主体活动的结果，而社会行为主体的活动又受到一系列规则的引导。以我国现行汽车领域的行为主体为例，社会行为主体包括学校科研单位、银行保险公司、汽车制造商、零部件供应商等生产部分主体和政府部门、新闻媒体、汽车经销商、消费者、能源供应商、维修服务商等需求部分主体。规则本身可分为正式规则、规范规则和认知规则[147]。

基于 Rip 和 Kemp 关于技术域的定义[64]，依据 Geels、孙启贵、薛亦曦等对社会技术系统中社会群体（Social Groups）分类、社会—技术域（ST-regimes）的相关论述[14,73,147]，本书认为，数字创意产业技术域是指不同高技术种群共同遵守并执行的一系列规则和法则，嵌入了与科学知识的关联、工程实践、产品过程技术、产品特性、工艺和程序，同时还包括处理相关人工物的方法和人员以及决定问题的方法等所有与技术相关的系统和结构。

2.2.3.2 数字创意产业技术种群与生物种群的同构性分析

种群的概念源于生态学，种群是指一定时间、一定区域内同种个体的组合[148-150]。基于生态学的思想，本书认为，技术种群是指同一类型技术的集合。数字创意产业技术域中技术种群的布局、技术种群间竞争合作关系与自然界同一地域中生物种群的分布、种群间关系极为类似，体现为以下三个方面：

（1）互惠共生。

在生物种群形成与演化中，互惠共生是一种常见的行为，是指不同的生物个体之间紧密结合，通过功能互补实现"双赢"和"共存"[141]。同样地，数字创意产业技术种群中的各技术个体紧密合作可以促使合作双方获得更广阔的生存发展空间[149]。

（2）协同竞争。

在生物种群形成与演化中，生物个体既竞争又协作，促进了相互依赖和协调。同一种群的不同个体之间既为争夺有限资源进行竞争，又在抵御外敌方面实行协作，最终促进生物种群的平衡发展。与之类似，数字创意产业某一技术种群内的技术个体也会产生协同和竞争。其中，协同表现为不同技术个体利用伙伴关系开展合作获得整个技术种群适应度的提升；竞争表现为某一技术个体希望比其他技术个体获得更高的绩效，进行资源和市场的争夺[151]。

（3）结网群居。

在生物种群形成与演化中，生物种群通常以亲缘关系、互惠关系为基础，聚集于某一地理区域，在适当的地域中结网群居。与同一地域的生物种群类似，技术域内的数字创意产业技术种群以技术领域相近为特征，以设施配套完善为支撑条件，形成本地化的技术种群网络。并且，由于技术知识程度较为接近，同一技术域中技术种群之间存在着密切的互动和依存关系，更易于通过知识溢出和网络效应促进整个技术种群网络的共同发展[149]。

综上所述，数字创意产业技术域中的技术种群与自然地域中的生物种群具有同构性，因此，本书认为，基于生态学种群演化的观点和方法分析数字创意产业技术域层面的相关问题合理可行。

2.2.4　数字创意产业社会技术地景的相关概念

2.2.4.1　数字创意产业社会技术地景的界定

社会技术地景层面是 MLP 分析框架的宏观层面。社会技术地景（Socio-technical Landscape）指行为主体相互作用的外部结构或背景，表示更广泛的技术变迁的外部因素，包括生态位和社会技术体制所不包括的影响全局的其他因素[14, 152, 153]。社会技术地景的变化往往比较缓慢，例如，气候条件、生态环境、人口结构和意识形态的改变往往需要几十年的时间，但也有可能因某些突发事件而发生剧烈变化[154]，可将社会技术地景分成三类：一是不发生变化或变化很缓慢的因素，如气候变化；二是长期的趋势变化，如工业革命；三是急剧变化的冲击，如战争、石油价格波动等[155]。

参考 Geels 关于社会技术地景的界定[14] 和袭希关于环境要素的划分[106]，结合我国数字创意产业的发展背景，本书认为，数字创意产业社会技术地景是指影响生态位和技术域形成与发展的外部环境，包括科技环境、市场环境、政策制度环境、基础设施环境、社会人文环境，是数字创意产业主导技术形成的时空背景[156]。

2.2.4.2　数字创意产业社会技术地景与自然生态系统生境的同构性分析

生境即生存环境，是人类与生物生活的环境[157]。从生态学角度而言，生境是指生物的个体、种群生活地域的环境，包括必需的生存条件和其他对生物起作用的生态因素，是由生物因子（食物、天敌等）和非生物因子（光照、温度、水分、空气、无机盐类等）综合形成的。生物与生境的关系是长期进化的结果，生物有适应生境的一面，又有改善生境的一面。

从生态学视角对自然生态系统生境与数字创意产业社会技术地景进行类比发现，两者存在一定的同构性：在自然界里，适应于食物、生存空间、风土气候等环境条件的生物被保留下来，不适应环境条件的生物被淘汰，这就称为自然选择。自然选择作用是在生物与所处环境条件的交互关系中，通过对有害变异的淘汰和有利变异的保存、累计而实现的长期过程[158]。社会技术地景对主导技术的自然选择作用通常表现为非市场的引导过程。一般情况下，社会技术地景缓慢变化给予技术域层面压力，从而使一些技术适应度提高，易于发展为主导技术，或使其适应度降低难以生存，并使整个社会的主导技术活动表现出一定的特征。

综上所述，数字创意产业社会技术地景与自然生态系统生境具有同构性，因此，本书认为，基于生态学生境的观点和方法分析数字创意产业社会技术地景层面的问题合理可行。

2.3　基于 MLP 的数字创意产业主导技术形成机理研究框架

2.3.1　数字创意产业主导技术形成的界定

基于技术管理领域的相关文献可知，技术标准竞争通常伴随产业内企业的激烈竞争和产业结构的变化，主导技术形成类似于科学领域的"范式转换"（Paradigm Shift）[159]，即：现有范式持续变革的过程被一些重大的科学发现所打破，并由于科学进步、社会组织和经济因素之间的互动作用而产生新的范式[160]。根据演化经济学的理论观点，数字创意产业主导技术的形成会遵循"变异—选择—保留"的自然选择模式。"变异"是指随机出现的不连续技术，随后具有不同技术架构的技术之间进行激烈竞争，其中某一技术架构被"选择"为主导技术并被"保留"下来作为广泛接受的行业标准，而其他的技术架构则消亡[161, 162]。

本书认为，主导技术形成是指从主导技术相关的新技术研发到主导技术正式确立的过程。并且，本书基于 MLP 分析框架进一步指出，主导技术形成在不同层面具有不同的表现形式，即：在生态位层面，主导技术形成表现为"主导技术优势种"的形成；在技术域层面，主导技术形成体现为"优势技术标准"的确立；在社会技术地景层面，主导技术形成表征为优势技术标准与社会技术地景之间的"反应—选择"。

2.3.2　技术变迁与主导技术形成的同构性

技术变迁可以看作一种重要的技术创新长期演化的过程。在此过程中，企业通常通过模仿创新和自主创新两种方式来改变现有技术或惯例，由此引发经济系统中出现大量可供采纳的技术，最终经由选择导致社会群体思维和行为方式产生变化[163]。Dosi 认为，技术变迁发生在新旧技术替代的过程中，新技术范式的形成会不断地弱化旧技术范式的作用[160]。陈劲和王焕祥在《演化经济学》一书中明确提出，技术变迁过程就是技术系统的演化过程[164]。陈圻和陈国栋认为，主导技术是特定技术领域的技术演化到一定阶段出现的、居于支配地位的技术范式，主导技术可以理解为其与技术演化理论中主导设计的概念具有同等含义[11]。

综上所述，主导技术形成与技术变迁均是一种技术或技术体系的演化过程，且均以创新为前提。主导技术形成是新技术被用户广泛采纳的过程；而技术变迁则是旧范式中的主流技术被新技术替代并被广泛采纳的过程，可见，主导技术形成过程类似于技术变迁过程。主导技术形成过程也可以看作是在一定的范式规定下，沿着一定的技术轨道方向发展且有强选择性的技术演化过程。基于此，本书认为，技术变迁与主导技术形成具有同构性，基于技术变迁的理论和方法来分析主导技术形成问题合理可行。

2.3.3　数字创意产业主导技术形成的知识空间模型

鉴于数字创意产业技术生态位与生物生态位、技术种群与生物种群、社会技术地景与生境的同构性，本书基于<CAE>的观点和孙冰等的研究[165]，建立数字创意产业的技术知识空间（见图2-2），以表示所有主导技术的可能知识状态。其中，<CAE>源于 Ahrweiler 等所构建的技术创新网络知识动力的 SKIN（Simulating Knowledge Dynamics in Innovation Networks）模型[166]。该模型将 kene 定义为"知识的基因"概念，包括一些"知识的单元"，并且每一个 kene 都由 C、A、E 三部分构成：C 表示在科学、技术或商业领域的一种资格（如新能源汽车制造行业）；A 表示在该领域中的一种特定能力（如新能源汽车制造行业中的蓄电池技术）；E 表示主体运用这种能力能够达到的专业水平，同样代表了市场中技术创新知识的适应强度[106, 165]。可见，kene 是 <CAE>三者的集合。如图2-2所示，数字创意产业的技术知识空间涵盖了所有已知或可以被学习的 kene[167]，这些 kene 组成了产业中的技术。本书认为，技术知识空间由三个维度组成，每一个维度分别表示技术的属性、能力和适应强度，其中，适应强度在本书研究中又代表了技术的市场份额，后文将详细阐述。

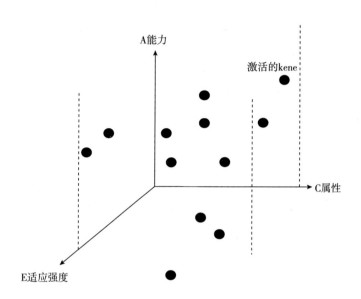

图 2-2　数字创意产业主导技术形成的技术知识空间模型

2.3.4　数字创意产业主导技术形成的仿真基础

基于 Agent 的建模与仿真是分析研究复杂适应系统的有效方法之一[168]。该方法通过对系统模型中不同的智能体（Agent）进行界定，运用多种方法和工具进行深入的模型开发[169]。为了深入揭示数字创意产业主导技术形成机理，并进行理论和模型仿真的基础铺垫，本节根据前文的分析对数字创意产业主导技术形成的基于 Agent 的建模与仿真进行了基本设定，并选择 NetLogo 软件来仿真编程。

观察者、海龟和瓦片是 NetLogo 软件的三类 Agent。观察者可以观察和控制仿真世界的运行；海龟是可以移动的对象，可表示现实世界中的任何一种有活动特性的物体；瓦片表示海龟所处环境，由若干瓦片拼接构成。通过编程为海龟和瓦片设定各种属性和运行规则，可以实现海龟和瓦片各自的运行规则且在海龟和瓦片（Agent 和环境）之间、海龟和海龟（Agent 与其他 Agent）之间的交互作用中涌现群体运动规律[170]。

鉴于此，参考已有研究的相关设定[171]，本书将海龟（Agent）设定为技术。同时，基于前文关于生态位、技术域和社会技术地景的相关介绍，Agent 在不同层面被赋予不同的属性和内涵，即：生态位层面的 Agent 是新技术，技术域层面的 Agent 是技术标准，社会技术地景层面的 Agent 是优势技术标准，其他具体属性将在下文分别论述。本书所有仿真界面均以技术 Agent 为外在表现形式，而涉及技术决策主体关于技术相关的一系列活动均通过编程语言的规则设定来实现。

值得注意的是，本书采用市场份额作为适应强度的代理变量，也就是说，模型中某一技术适应强度的高低同样表征着其市场份额的大小。正如 2.1.2.1 节中所述，本书所有模型一律采用用户采纳数量占比来计算市场份额。因此，在本书的所有研究问题中，适应强度、市场份额、用户采纳数量占比本质上含义相同，都反映了技术的竞争力和在市场中的地位。为方便直观地观察，仿真中 Agent 面积的大小表示其适应强度 E 的大小，也是市场份额和用户采纳数量占比的高低。

以上阐述了数字创意产业主导技术形成机理中基于 Agent 的建模与仿真的基本设置，需特别注意的是，下文不同层面的仿真研究将在此基础上进行不同的调整，例如，添加模型变量、更换考察对象等。

2.3.5 基于 MLP 的数字创意产业主导技术形成机理研究框架的构建

基于 2.2 节对于 MLP 框架的分析，考虑到数字创意产业主导技术形成的复杂性以及 MLP 框架对于技术变迁问题研究的优越性，本书认为，MLP 分析框架能够为数字创意产业主导技术形成机理提供更好的分析视角。因此，本书基于 MLP 分析框架对数字创意产业主导技术形成机理展开研究。

Suarez 在主导技术与其他技术竞争的研究中指出，主导技术形成过程中存在五个关键环节，分别是：研发积累（R&D Buildup）、技术可行性（Technical Feasibility）、创建市场（Creating The Market）、决定性战斗（The Decisive Battle）、后主导技术（The Post-dominant Technology）[4]。本书在 Suarez 观点的基础上，结合 MLP 分析框架的生态位、技术域、社会技术地景三个层面，将"研发积累""技术可行性"以及"创建市场"三个环节合并成"主导技术优势种形成"一个环节；同时，考虑社会技术地景对主导技术形成的影响，将"后主导技术"明确为"主导技术反应行为"。因此，确定数字创意产业主导技术形成的三个关键环节为：主导技术优势种形成、优势技术标准建立、主导技术反应行为，并通过剖析不同层面的数字创意产业主导技术形成机理，依次回答主导技术在生态位微观层面、技术域中观层面和社会技术地景宏观层面以及三个层面交互作用下的形成规律。

基于以上思路，本书设计了基于 MLP 的数字创意产业主导技术形成机理研究框架，如图 2-3 所示。

首先，基于微观视角，本书将进行生态位层面的数字创意产业主导技术形成机理研究。鉴于生态位层面技术之间的动态竞争关系，即生态位重叠，直接决定了技术的生态位宽度，进而影响技术生存空间的大小和资源利用程度的深浅。因此，本书将讨论生态位重叠条件下的数字创意产业主导技术形成机理，并运用基于 Agent 的建模与仿真方法模拟生态位重叠条件下技术间的博弈及其对主导技术优势种形成的影响，以期回答主导技术在生态位层面如何形成与发展的问题。

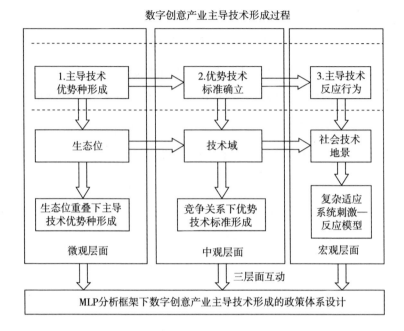

图 2-3　基于 MLP 的数字创意产业主导技术形成机理研究框架

其次，基于中观视角，本书将进行技术域层面的数字创意产业主导技术形成机理研究。随着技术功能和市场功能的完善，新技术可以脱离生态位的保护，进入技术域层面。在技术域层面，新技术种群和旧技术种群共存，关系愈加多变，那么，动态竞争关系下新兴技术标准、旧技术标准之间如何进行替代交互？数字创意产业主导技术标准是如何形成的？由此，本书将分别以新新技术标准之间竞争、新旧技术标准之间竞争为出发点，研究优势技术标准的形成过程，以期剖析技术域层面数字创意产业主导技术的形成机理。

再次，基于宏观视角，本书将进行社会技术地景层面的数字创意产业主导技术形成机理研究。在数字创意产业主导技术形成过程中，主导技术从形成到被大规模采纳最终确立主导地位的全过程都离不开社会技术地景的自然选择作用，而主导技术受到社会技术地景的刺激后能够适时做出反应则体现了主导技术的适应性。由此,本书将构建数字创意产业主导技术与社会技术地景的刺激—反应模型,剖析主导技术与社会技术地景的适应与选择关系,以期分析社会技术地景层面的主导技术形成机理。

最后,基于 MLP 分析框架,本书将基于生态位、技术域、社会技术地景三个不同层次的数字创意产业主导技术形成的规律和特点,梳理促进数字创意产业主导技术形成的总体思路,分别以企业、行业管理者和政府为立足点,提出促进数字创意产业主导技术形成的对策建议。

2.4 本章小结

首先,本章结合数字创意产业的内涵与特征,对数字创意产业主导技术的内涵进行了科学界定;其次,基于 MLP 分析框架,分别界定了数字创意产业生态位、技术域和社会技术地景的内涵,并分别类比了技术生态位与生物生态位、技术种群与生物种群、社会技术地景与自然生态系统生境的同构性,指出基于 MLP 分析框架研究数字创意产业主导技术形成问题的可行性;最后,构建了数字创意产业主导技术形成的 MLP 整体框架,为下文数字创意产业主导技术的形成机理研究提供了框架支撑。

第3章　生态位层面数字创意产业主导技术的形成机理及仿真研究

本章立足于生态位层面，运用 Arthur 博弈模型和动态竞争理论，分析生态位重叠条件下的数字创意产业新技术研发和商业化过程，并仿真模拟生态位重叠关系下数字创意产业主导技术优势种的形成过程，以揭示生态位层面数字创意产业主导技术的形成机理和规律。

3.1　数字创意产业技术生态位关系

正如前文所述，生态位是每种生物对资源（食物种类、食物大小等）以及环境变量（温度、湿度等）的选择范围构成的集合，因为资源及环境变量是多维的（三维变量称为体积），所以将生态位模型称为超体积模型[140]。如果把一个生物对某一资源或环境因子的适应性相对于这一因子的梯度作图，通常可以绘出一条呈正态分布的钟形曲线。如果同时采用两个或三个环境梯度，就可以决定一个二维空间或三维空间，每增加一个环境梯度就会增加一个坐标轴或一个维度，这些资源和环境变量梯度为生态位的维度。具有高适合度的那部分空间对生物来说是最适宜的，而具有低适合度的那部分空间则对生物的生存和成长不太适宜[140]。二维梯度生态位和三维梯度生态位如图 3-1 和图 3-2 所示。

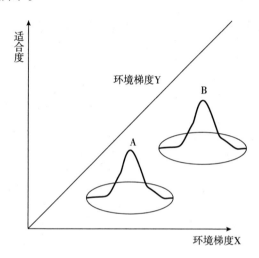

图 3-1　二维梯度生态位示意图

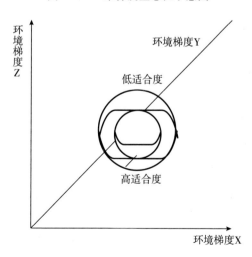

图 3-2　三维梯度生态位示意图

当两个生物利用同一资源或共同占有其他环境变量时，就会出现生态位重叠现象[172]。在这种情况下，有一部分生存空间为两个生态位超体积所共占，这时两个生物体之间就出现了竞争[173]。生物学家研究发现：只要两个以上的有机体试图或实际利用共同资源或必需品时，它们之间就存在竞争，即使在此过程中它们并不直接伤害或干扰对方，丰富的食物或其他必需品并不会避免竞争的发生，甚至在生物直接需要的食物或其他必需品的供应充裕时，竞争也可能发生[140]。因此，习惯上认为竞争是指两个或更多生物体共同利用同一资源时发生相互抑制的作用。由于生态位是表征生物利用资源和环境变量的概念，因此生态位理论与生物间的竞争理论必然联系在一起。俄罗斯微生物学家 Gause 通过观察实验指出，竞争的结果是两个相似的生物不能占领相同的生态位；出现两个或两个以上的生物稳定地共存于同一环境时，它们必须占领不同的生态位，而每个生物必须对某个或某组起支配作用的资源或环境因子具有比其他生物更胜一筹的优越性[174]。也就是说，种间竞争的结构出现不等性或不对称性，一个物种被另一个物种完全排挤或是一个物种迫使另一个物种占据不同的空间位置和利用不同的食物资源时，将会发生生态位异化，这在生态学上称作高斯的竞争排斥（Competitive Exclusion）原理，即生态学（或生态位）上相同的两个物种不可能在同一地区内共存。如果生活在同一地区内，由于激烈竞争，它们之间必将出现栖息地、食性、活动时间或其他特性上的分化。

图3-3a 是简化生态位集合模型的直观表述：生态位重叠。图中 A 和 B 的面积分别代表两个生物体对两个资源维度的利用状况（也就是 A 和 B 的生态位），A 和 B 的生态位重叠部分发生竞争排斥现象。生态学家通过实验发现，资源量、供求比以及资源满足生物需要的程度对于研究生态位重叠与竞争关系非常重要：竞争强度与特定资源梯度上的生态位重叠成正比，即生态位重

叠越大，竞争越激烈；对资源的相似需求导致两个生物之间发生竞争，不同的资源获取能力和竞争能力决定了在重叠部分的共存或排斥。

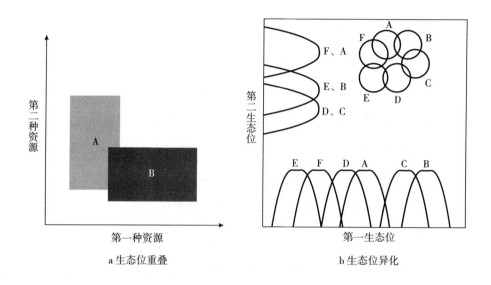

a 生态位重叠　　　　　　　　　　b 生态位异化

图3-3　生态位关系示意

　　根据生态位超体积模型可知，只要增加一个资源和环境梯度就会增加一个生态位维度，实际上研究不可能掌握影响生物的所有因素，所以对于生态位的所有维度也很难全部考虑在内。一般来说，生物间的竞争常常借助于对生境的利用、食物的不同和活动时间的差异而大大减弱，这样就可以把生态位的有效维度减少到三个，即地点、食物和活动时间[175]，可以把一个饱和的群落看作在三维空间内占有的一定体积，就像是一个三维的拼板玩具，而每一块拼板就是一个生物，它只能占有整个群落体积的一部分。沿着两个或两个以上的生态位维度，物种之间最终的生态位重叠通常会适当减弱，因此生态位各维度之间经常会发生互补。如一对生物在一个生态位维度上重叠较多，而在另一个生态位维度上就重叠较少。多维的生态位关系可能是很复杂的，随着维数的增加，生态位可以在一个维度部分重叠或完全重叠，而在另一个维度完全异化[140]。图3-3b中如果不考虑第一生态位维度，那么A和F、E和B、D和C这三对物种就是完全重叠的，但如果把第一生态维度考虑在内，它们实际的生态位重叠部分较少。生态位重叠对于本书研究生态位层面主导技术的形成机理具有重要的理论意义和应用价值。

综上所述，生态位关系可分为生态位重叠关系和生态位异化关系两类：生态位重叠情形下同类技术间处于竞争型技术生态位，生态位高度重叠，表明新技术类型极为相似，这些技术为了争夺重叠部分的资源，展开激烈竞争，例如，三一重工与中联重科等在工程机械方面的技术生态位就属于该类型；生态位异化情形下不同种类技术间处于互补型技术生态位，该类技术间的技术生态位发生异化，生态位重叠度相对较低，技术间拥有的创新资源具有异质互补性，业务上不仅不存在冲突，相反还是彼此协助的合作关系，如三一重工与中海油在LNG搅拌车方面的技术生态位就属于该类型[176]。

如前文所述，基于动态竞争视角下主导技术优势种形成是MLP分析框架下数字创意产业主导技术形成的关键环节。换言之，数字创意产业主导技术形成在生态位层面的表现为"主导技术优势种"的形成，因此，本书仅探讨基于动态竞争理论的生态位重叠关系下数字创意产业主导技术优势中的形成。

所谓优势种，是指群落中占优势的种类。它包括群落每层级中数量最多、体积最大、对生境影响最大的种类。优势种的主要识别特征为：①个体数量多，通常占有竞争优势。②能通过竞争来取得资源的优先占有地位。③在群落中常占有持久不变的优势。结合主导技术的定义和特征，本书认为，主导技术优势种是指生态位层面所有新技术中占优势的新技术，具备成为主导技术的潜力，具体识别特征为：具有较高的市场份额优势，且长期保持不变。需要注意的是，该识别特征中的市场份额优势是相对概念，换言之，在生态位层面，主导技术优势种并不一定需要处于完全垄断的市场地位，即：主导技术优势种的市场份额不一定超过 50%，只需高出其他新技术的市场份额并保持长期稳定，就可以判定它在未来有极大希望成为整个数字创意产业的主导技术，至于该主导技术优势种最终能否成功发展为主导技术，不作为本章研究内容，需在后续研究中进一步探索。

3.2 基于 Arthur 模型的生态位重叠条件下数字创意产业主导技术形成机理

3.2.1 Arthur 竞争博弈模型的基本介绍

Arthur 于 1898 年首次建立了技术采纳的竞争博弈模型（以下简称 Arthur 模型），用于重点分析两项技术在采用视角方面的差异[106]。在初始状态下，模型是由同一市场中相互竞争的新技术 A 和新技术 B 组成，面向所有采用者开放，其中，采用者简化设为技术顾客。采用者 i 在 t_i 时刻进入市场，只能选择一种新技术（A 或 B），并一直使用，不能中途更改。模型设置存在数量相同的 R 型和 S 型两种采用者，且每一种采用者选择采用新技术的时间相互独立，但存在不同的技术偏好。每个采用者选择一项技术的时间固定，因而过去采用技术的情况会对采纳结果产生影响。因此，Arthur 模型设定采用者的数量 n_A 和 n_B 会决定采用者选择技术 A 或技术 B 获得的采纳收益，且不同类型采用者的采纳收益分别为 r 和 s（为正数、负数或零）。同时，Arthur 模型设置 R 类采用者和 S 类型采用者对于技术 A 和技术 B 自然偏好所造成的初始

收益分别为 a_R 和 b_R、a_S 和 b_S，且 $a_R > b_R$ 以及 $a_S < b_S$，表示 R 型采用者偏好于技术 A，而 S 型采用者偏好技术 B。基于此，R 型和 S 型采用者在技术 A 或技术 B 上所获得的总收益（初始收益和采纳收益的总和）矩阵如表3-1所示。

表3-1　R 型和 S 型采用者选择技术 A 或技术 B 的收益矩阵

	技术 A	技术 B
R 型采用者	$a_R + rn_A$	$b_R + rn_B$
S 型采用者	$a_S + sn_A$	$b_S + sn_B$

模型设置了一个观察者，知悉除了一些影响进入时刻和采用者 t_i 时刻的选择事件之外的所有条件和收益函数。因此，该观察者将选择顺序视为一个包含 R 型采用者和 S 型采用者的二进制序列，每一次进入市场的采用者可能为 R 型采用者，也可能为 S 型采用者，且为 R 型采用者或 S 型采用者的可能性均为50%。

设 n 为技术 A 和技术 B 的用户采纳数量总和，$n_A(n)$ 和 $n_B(n)$ 分别为技术 A 和技术 B 的用户采纳数量，即技术 A 和技术 B 的用户采纳数量的差为 $n_A(n) - n_B(n) = d_n$。x_n 表示经历 n 次选择后技术 A 的市场份额为：

$$x_n = 0.5 + d_n/2n \tag{3-1}$$

因而，采纳技术 A 或技术 B 的动态过程可以由 d_n 和 n 来表达。

3.2.2　生态位重叠条件下数字创意产业主导技术优势种形成 Arthur 模型构建

Arthur 模型分析了两种竞争技术被采纳过程[106]，呈现了新技术商业化和被采纳的动态过程，可以采用该模型研究生态位重叠关系下主导技术优势种的形成问题。基于产业组织理论的研究学者普遍认同，技术竞争呈现出技术采用的收益递增规律[177]。本书由此推断，在数字创意产业研究范围内，采用某一种新技术而产生的采纳收益也是规模递增的，并不会产生边际成本随时间不断推移导致该技术带来的采纳收益为负值的情况，或新技术采纳收益不受研发和商业化结果作用，即采纳收益值为常数的情况，故本书设置 r 和 s 全为正数。结合数字创意产业的实际情况，不同采用者（R 型和 S 型）对不同技术（A 和 B）的采纳收益存在差别，故本书对模型中的 r 和 s 进行适当的改进，设定 R 型采用者采用技术 A、技术 B 带来的采纳收益分别为 r_A、r_B，S 型采用者采用技术 A、技术 B 带来的采纳收益分别为 s_A、s_B。同时，考虑到 Arthur 模型在体现新技术研发方面体现稍显不足，本书将在 Arthur 模型的基础上加入新技术研发影响因素，由于技术研发是一个非常复杂的过程，故本书仅引入 R&D 投入和决策成本作为影响新技术研发的基本因素，基于袭希构建的知识密集型产业竞争技术创新的 Arthur 模型[106]，对模型中的各类要素进行完善，构建生态位重叠条件下数字创意产业主导技术优势种形成模型。为了简化模型，本章提出以下假设：

假设1：假设生态位重叠条件下数字创意产业只存在两种新技术：技术 A 和技术 B，且互为竞争对象。

假设2：假设生态位重叠条件下数字创意产业新技术研发和商业化受到决策成本、R&D 投入、用户采纳偏好和采纳收益的影响。

假设3：假设 R 型采用者、S 型采用者的决策成本分别为 C_R、C_S。

假设4：假设技术 A、技术 B 的 R&D 投入分别为 I_A、I_B。

假设5：假设市场中存在 R 型采用者和 S 型采用者，其中，R 型采用者偏好技术 A，而 S 型采用者偏好技术 B。同时，设定 a_R 和 b_R、a_S 和 b_S 分别代表 R 类采用者和 S 类型采用者对于技术 A 和技术 B 自然偏好所导致的初始收益，且 $a_R > b_R$ 以及 $a_S < b_S$。

假设 6：假设采用者选择技术 A 或技术 B 的采纳收益取决于之前采用者的数量 n_A 和 n_B。

由此，基于表 3-1 的收益矩阵结果和上述假设条件，生态位重叠条件下的技术 A 和技术 B 的收益矩阵如表 3-2 所示。

表 3-2　生态位重叠条件下技术 A 或技术 B 的收益矩阵

	技术 A	技术 B
R 型采用者	$a_R + r_A n_A - (I_A + C_R)$	$b_R + r_B n_B - (I_B + C_R)$
S 型采用者	$a_S + s_A n_A - (I_A + C_S)$	$b_S + s_B n_B - (I_B + C_S)$

由表 3-2 可知，R 型采用者偏好技术 A，而 S 型采用者偏好技术 B，因此，在其他条件相同时的初始阶段，若 R 型采用者进入市场，将采纳总收益较高的技术 A；若 S 型采用者进入市场，则将采用技术 B。而在 R&D 投入、决策成本、用户采纳偏好和采纳收益的共同作用下，用户的采纳决策将会有所不同，而用户对不同技术的采纳数量将最终决定生态位重叠条件下的"主导技术优势种"。

基于上述模型的假设，当 $a_S + s_A n_A - (I_A + C_S) > b_S + s_B n_B - (I_B + C_S)$ 时，由于技术 A 的总收益高于技术 B 的总收益，S 型采用者也将选择技术 A，为技术 A 带来更多用户采纳数量上涨的机会，从而技术 A 会变成"主导技术优势种"；反之，当 $a_R + r_A n_A - (I_A + C_R) < b_R + r_B n_B - (I_B + C_R)$ 时，由于技术 B 的总收益高于技术 A 的总收益，R 型采用者也会选择技术 B，引发技术 B 用户采纳数量的增多，从而"主导技术优势种"将确立为技术 B。

3.2.3　生态位重叠条件下数字创意产业主导技术优势种形成机理

前文已述，主导技术优势种形成是 MLP 分析框架下数字创意产业主导技术形成的关键环节。进一步地，基于前文数字创意产业主导技术优势种形成的 Arthur 模型可知，在生态位重叠条件下，新技术能否被顺利研发、商业化乃至广泛采纳，最终成为主导技术优势种，主要受决策成本、R&D 投入、用户采纳偏好和采纳收益这四个因素的共同影响。首先，决策成本（C_R 和 C_S）是指新技术主体在主导技术项目的启动过程中，为取得做出决策需要的相关资源支付的成本，技术决策主体是否进行技术研发，以及技术商业化的模式将受这些信息资源的直接影响。决策是新技术主体进行新技术研发和商业化的首要环节，并贯穿于主导技术优势种形成的全过程。新技术主体通过科学决策管理可以控制决策成本，实现低成本竞争优势，吸引用户广泛采纳，即：当 C_R 或 C_S 较低时，新技术 A 或新技术 B 的用户采纳数量更高。其次，R&D投入（I_A 和 I_B）包括研发资金投入和研发人员投入[178]，它对新技术研发、商业化乃至被采纳结果产生两种截然不同的影响：一方面，创新的产生必须有强大的研发资金和人员作为支撑[179]，R&D 投入能够带来新知识和人力资源，为新技术顺利研发提供了保障，促进技术进步，推动新技术被广泛采纳，从而对主导技术优势种的形成产生促进作用，即：当 I_A 或 I_B 较高时，新技术 A 或新技术 B 的用户采纳数量增加；另一方面，加大研发投入将导致新技术采纳价格的提高，在一定程度上降低了新技术对用户的吸引力，反而对新技术商业化和被采纳造成一定的阻碍，进而对主导技术优势种的形成产生抑制作用，即：当 I_A 或 I_B 较高时，新技术 A 或新技术 B 的用户采纳数量反而减少。再次，用户采纳偏好具有一种特殊的黏性，可以引发某一类型用户对某一种新技术的选择性喜好，进而成为采纳该新技术的驱动器，一项技术在用户采纳方面偶然获得领先优势，会最终垄断潜在采用者市场，加快其他技术的消亡，换言之，用户采纳偏好所带来的较高初始收益（a_R 和 b_R、a_S 和 b_S）会导致某一项技术用户采纳数量的提高。最后，采纳收益（r_A、r_B、s_A、s_B）

是刺激用户采纳的"钥匙"，可以直接提高用户对新技术的接纳程度和采纳意愿。较高的采纳收益意味着用户能够获得更高的市场回报，在利润最大化的驱使下，用户会纷纷选择市场回报更高的新技术，当一项新技术被广泛采纳时，专有性配套技术会被越来越多地开发出来，反过来引发更多的用户采纳该新技术，形成自我强化效应[177]，由此促进数字创意产业主导技术优势种的形成。

3.2.4 生态位重叠条件下数字创意产业主导技术优势种形成机理仿真

基于前文的仿真基础论述，Netlogo 是为了建立模型分析复杂系统而设计的软件平台，是基于 Agent 的建模工具，其基本体系结构是并发的交互式 A-gent 集合[180]，特别适用于随时间演化的复杂系统[181]。故为了研究需要，本书将 Netlogo 的仿真软件作为基于多主体（Agent）的建模工具。

为探究生态位重叠条件下数字创意产业主导技术形成的动态过程，本书将采用 Netlogo 软件对数字创意产业主导技术优势种形成的 Arthur 模型进行仿真。基于 3.2.2 节中主导技术优势种形成的 Arthur 模型博弈结果和 3.2.3 节中主导技术优势种的形成机理分析，本书分别考察决策成本、R&D 投入、用户采纳偏好和采纳收益等变量变动条件下新技术采纳过程中用户采纳数量的动态变化，以探析生态位重叠条件下数字创意产业主导技术优势种的形成过程和规律，进而剖析生态位层面数字创意产业主导技术优势种的形成过程和机理。

3.2.4.1 基于决策成本的数字创意产业主导技术优势种形成仿真

为了仿真验证数字创意产业主导技术优势种形成机理，并考察决策成本这一因素的变动在主导技术优势种形成过程中的影响，本书分别模拟当 $I_A = I_B$、$a_R = b_S$、$r_A n_A = r_B n_B$、$s_A n_A = s_B n_B$ 保持不变时，$c_R > c_S$ 和 $c_R < c_S$ 两种情况下

技术 A 和技术 B 在用户采纳过程中市场份额的动态变化，分别如图 3-4 和图 3-5 所示。图 3-4 和图 3-5 表示当决策成本不同时，采纳技术 A 和技术 B 的市场份额曲线的变化，横坐标均表示时间，纵坐标均表示技术的用户采纳数量占整个市场的比例，其中，浅色曲线代表技术 A 的用户采纳数量占比变化，深色曲线代表技术 B 的用户采纳数量占比变化。

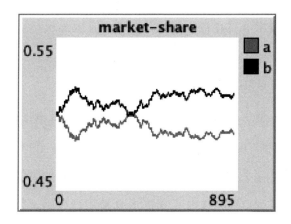

图 3-4　生态位重叠条件下 $c_R > c_S$ 时技术 A 和技术 B 的市场份额变化

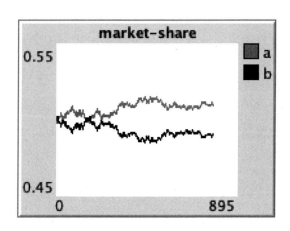

图 3-5　生态位重叠条件下 $c_R < c_S$ 时技术 A 和技术 B 的市场份额变化

由图 3-4 可知，$c_R > c_S$，即 R 型采用者的决策成本大于 S 型采用者的决策成本。此时，技术 B 的市场份额略高于技术 A 的市场份额，但两者之间差距始终不大，甚至存在相等的情况（相交点），表明技术 A 和技术 B 均在市场上占有一席之地，并未有任何一方占据绝对上风或完全退出市场。由此可见，生态位重叠条件下的主导技术优势种并未形成。由图 3-5 可知，$c_R < c_S$，即 R 型采用者的决策成本小于 S 型采用者的决策成本。在此条件下，与技术 B 的市场份额相比，技术 A 的市场份额稍占上风，但技术 A 与技术 B 的市场份额之间差距不大，表明生态位层面的主导技术优势种尚未确定，换言之，数字创意产业主导技术优势种亦未形成。

为进一步探究基于决策成本的数字创意产业主导技术优势种的形成过程，本书保持 $I_A = I_B$、$a_R = b_S$、$r_A n_A = r_B n_B$、$s_A n_A = s_B n_B$ 不变，以 C_R 远远大于 C_S 为例，考察 R 型采用者的决策成本远远大于 S 型采用者的决策成本时的主导技术优势种的形成过程，得到技术 A 和技术 B 被用户采纳过程中的市场份额结果，如图 3-6 所示。由图 3-6 可以看出，当 R 型采用者的决策成本远远大于 S 型采用者的决策成本时，技术 A 的市场份额略低于技术 B 的市场份额，技术 A 和技术 B 的市场份额差距始终不大。此时，生态位层面的主导技术优势种并未形成，主导技术亦未明确，说明过高的决策成本不利于新技术被用户采纳，进而对数字创意产业主导技术优势种形成造成一定程度上的阻碍。

因此，上述仿真结果证明了较低的决策成本虽然能为新技术赢得市场份额优势，但在其他变量相等时，单凭决策成本优势不足以促使该项新技术成为主导技术优势种。

3.2.4.2 基于 R&D 投入的数字创意产业主导技术优势种形成仿真

为了对数字创意产业主导技术形成机理进行仿真验证，并探究 R&D 投入这一变量变化对主导技术形成过程的作用，本书分别模拟当 $a_R = b_S$、$r_A n_A =$

$r_B n_B$、$s_A n_A = s_B n_B$、$c_R = c_S$ 时，$I_A > I_B$ 和 $I_A < I_B$ 两种情况下技术 A 和技术 B 的市场份额曲线，分别如图 3-7 和图 3-8 所示，与图 3-4 中曲线含义一致。

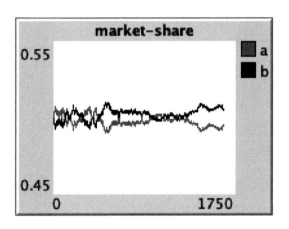

图 3-6　生态位重叠条件下 C_R 远远大于 C_S 时技术 A 和技术 B 的市场份额变化

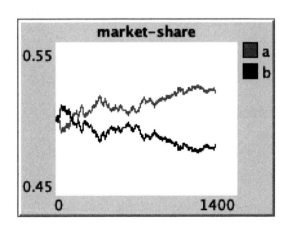

图 3-7　生态位重叠条件下 $I_A > I_B$ 时技术 A 和技术 B 的市场份额变化

由图 3-7 可知，当 $I_A > I_B$ 时，技术 A 的 R&D 投入大于技术 B 的 R&D 投入。在此条件下，在仿真前期，技术 A 的市场份额低于技术 B 的市场份额；

但在仿真后期，技术 A 的市场份额逐渐超越技术 B 的市场份额，最终技术 A 确立绝对市场份额优势，成为主导技术优势种，说明在短期内，R&D 投入对新技术市场份额具有负向影响，但从长期来看，R&D 投入对新技术赢得市场份额优势具有促进作用，证明了 R&D 投入对新技术采纳结果的双向影响。由图 3-8 可知，当 $I_A<I_B$ 时，技术 A 的 R&D 投入小于技术 B 的 R&D 投入。在此情况下，技术 B 的市场份额在仿真初期低于技术 A 的市场份额，但在仿真后期远高于技术 A 的市场份额，表明技术 B 具备长期市场份额优势，成为生态位层面主导技术优势种。

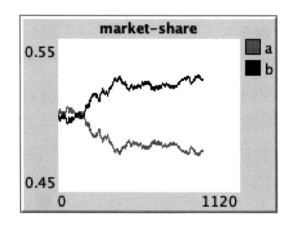

图 3-8　生态位重叠条件下 $I_A<I_B$ 时技术 A 和技术 B 的市场份额变化

因此，上述两种情况的仿真结果验证了较高的 R&D 投入能够促进某一项新技术成为主导技术优势种，进而有利于推动生态位重叠条件下数字创意产业主导技术优势种的形成。

3.2.4.3　基于用户采纳偏好的数字创意产业主导技术优势种形成仿真

为了仿真验证数字创意产业主导技术优势种形成机理，并研究用户采纳偏好变动条件下数字创意产业主导技术优势种形成过程，本书设定 $r_A n_A = r_B n_B$、$s_A n_A = s_B n_B$、$c_R = c_S$、$I_A = I_B$ 保持不变，分别对 $a_R > b_S$ 和 $a_R < b_S$ 两种情况

进行数值仿真。

第一，本书设定参数如下：$a_R = 200$，$b_S = 150$，$r_A = r_B = 1.8$，$s_A = s_B = 1.8$，$n_A = n_B = 200$，$I_A = I_B = 400$，$c_R = c_S = 100$，此时参数满足 $a_R > b_S$ 的条件，即 R 型用户对技术 A 的用户采纳偏好（a_R）大于 S 型用户对技术 B 的用户采纳偏好（b_S），从而得到用户采纳偏好作用下的技术 A 和技术 B 的市场份额变化曲线，如图 3-9 所示，与图 3-4 中曲线含义一致。

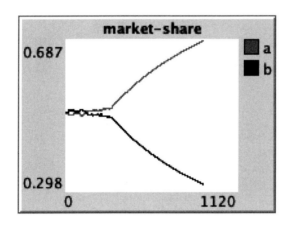

图 3-9　生态位重叠条件下 $a_R > b_S$ 时技术 A 和技术 B 的市场份额变化

由图 3-9 可知，在仿真前期，技术 A 和技术 B 的市场份额曲线均处于小幅度波动状态，且技术 A 和技术 B 的市场份额不相上下；但在仿真后期，技术 A 的市场份额曲线急速上升，而技术 B 的市场份额曲线持续下降，两者之间的差距逐步拉大，表明技术 A 在市场份额方面获得绝对优势，使技术 B 很难在市场份额方面超过技术 A。因此，技术 A 成为生态位层面主导技术优势种。

第二，本书设定参数如下：$a_R = 150$，$b_S = 200$，$r_A = r_B = 1.8$，$s_A = s_B = 1.8$，$n_A = n_B = 200$，$I_A = I_B = 400$，$c_R = c_S = 100$，此时参数满足 $a_R < b_S$ 的条件，即：S 型用户对技术 B 的用户采纳偏好（b_S）大于 R 型用户对技术 A 的用户采纳偏

好（a_R），从而得到由于用户采纳偏好作用下的技术 A 和技术 B 的市场份额变化曲线，如图 3-10 所示。与图 3-9 所示的情况（$a_R > b_S$）完全相反，图 3-10 中技术 A 和技术 B 用户采纳数量占比曲线的走势表明，当技术 B 的用户采纳偏好高于技术 A 的用户采纳偏好时（$a_R < b_S$），技术 B 最终会成为生态位重叠条件下的"主导技术优势种"，进而有希望在未来确立为整个数字创意产业的主导技术，此处不再赘述。

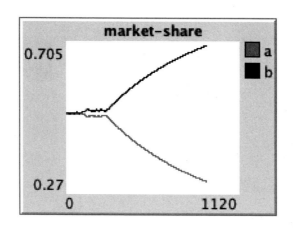

图 3-10　生态位重叠条件下 $a_R < b_S$ 时技术 A 和技术 B 的市场份额变化

因此，上述仿真结果验证了较高的用户采纳偏好能够促进生态位重叠条件下的数字创意产业主导技术优势种的形成，进而有利于推动生态位重叠条件下数字创意产业主导技术的形成。

3.2.4.4　基于采纳收益的数字创意产业主导技术优势种形成仿真

为了对数字创意产业主导技术形成机理进行仿真验证，并剖析采纳收益这一变量的变动在主导技术形成过程中的影响，本书保持 $I_A = I_B$、$c_R = c_S$、$a_R = b_S$ 的参数值不变，仅调整采纳收益（$r_A n_A$、$r_B n_B$、$s_A n_A$、$s_B n_B$）的取值大小来模拟生态位重叠条件下数字创意产业主导技术的形成过程，本书将分四种情况进行仿真模拟。

如图 3-11 所示，当 $r_A n_A > r_B n_B$，$s_A n_A > s_B n_B$ 时，R 型用户和 S 型用户对技术 A 的采纳收益均高于对技术 B 的采纳收益，得到采纳收益作用下的技术 A 和技术 B 的市场份额变化曲线。此时，技术 A 的市场份额远大于技术 B 的市场份额，且长久保持此种市场份额优势。因此，本书判定技术 A 是生态位层面的"主导技术优势种"。

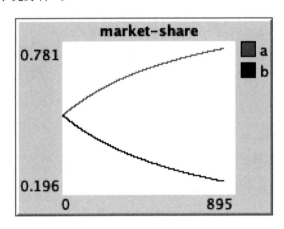

图 3-11　生态位重叠条件下 $r_A n_A > r_B n_B$ 且 $s_A n_A > s_B n_B$ 时

技术 A 和技术 B 的市场份额变化

由图 3-12 可知，当参数设置满足 $r_A n_A < r_B n_B$，$s_A n_A < s_B n_B$ 的条件时，R 型用户和 S 型用户对技术 B 的采纳收益均高于对技术 A 的采纳收益。在此条件下，技术 A 在市场份额方面占据上风，由此，生态位重叠条件下两种新技术的竞争博弈结果为，生态位层面的"主导技术优势种"确定为技术 A。当参数设置为 $r_A n_A > r_B n_B$，$s_A n_A < s_B n_B$ 和 $r_A n_A < r_B n_B$，$s_A n_A > s_B n_B$ 时，技术 A 和技术 B 的竞争结果都是不定的，既可能出现生态位层面"主导技术优势种"确立为技术 A 的结果（见图 3-13a），又可能出现生态位层面"主导技术优势种"确定为技术 B 的结果（见图 3-13b）。经仿真实验，图 3-13a 和图 3-13b 出现的概率分别为 60% 和 40%。这种情况是不同类型用户对技术 A 和技术 B 的采用惯性不同导致的，现实中较少出现。在这种情况下，技术 A 和技术 B 的采纳结果主要取决于先进入市场的采用者是 R 型还是 S 型，具体来说，先进入市场中的是 R 型采用者，技术 A 会成为主导技术优势种，并在未来有机会转化为整个数字创意产业的主导技术；反之，先进入市场中的是 S 型采用者，则技术 B 会成为主导技术优势种，且有希望未来被确立为数字创意产业主导技术。

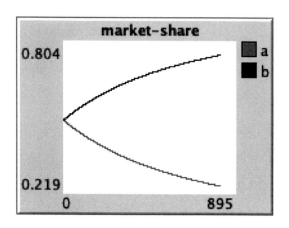

图 3-12　生态位重叠条件下 $r_A n_A < r_B n_B$ 且 $s_A n_A < s_B n_B$ 时

技术 A 和技术 B 的市场份额变化

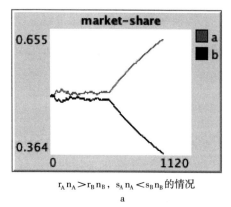

$r_A n_A > r_B n_B$，$s_A n_A < s_B n_B$ 的情况

a

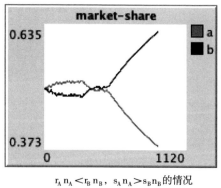

$r_A n_A < r_B n_B$，$s_A n_A > s_B n_B$ 的情况

b

图 3-13　生态位重叠条件下 $I_A = I_B$，$c_R = c_S$，$a_R = b_S$ 时

技术 A 和技术 B 的市场份额变化

综合上述四种仿真结果可以发现，当 R 型用户和 S 型用户对某一项新技术的采纳收益均高于另一项新技术时，该项新技术最终会成为主导技术优势种；而当两种类型用户对两项新技术的采纳收益各有高低时，主导技术形成结果不确定，受历史的采用惯性影响。因此，本书认为，在特定情况下，较高的采纳收益可以推动某一种新技术成为生态位重叠条件下数字创意产业"主导技术优势种"，从而有利于推动生态位重叠条件下数字创意产业主导技术的形成。

综上所述，在生态位重叠的条件下，决策成本、R&D 投入、用户采纳偏好以及采纳收益是数字创意产业主导技术形成的重要因素，这四个因素可以通过影响新技术的用户采纳数量（市场份额）对主导技术形成产生作用。具体来说，较低的决策成本虽然能为新技术赢得市场份额优势，但在其他变量相等时，决策成本对数字创意产业主导技术形成无明显促进作用；R&D 投入对数字创意产业主导技术形成产生非线性影响，短期内，R&D 投入负向影响数字创意产业主导技术形成，但从长期来看，较高的 R&D 投入有利于数字创意产业主导技术形成；较高的用户采纳偏好和采纳收益能够促进生态位重叠条件下数字创意产业主导技术的形成。

3.3　本章小结

主导技术优势种形成是 MLP 分析框架下数字创意产业主导技术形成的关键环节。本章对生态位层面数字创意产业主导技术优势种的形成机理进行了深入剖析，根据 Arthur 竞争博弈构建了生态位重叠关系下数字创意产业主导技术优势种形成模型，并对理论模型进行了仿真分析。首先，基于生态学理论分析数字创意产业主导技术形成过程中技术生态位关系，并根据生态位宽度将其划分为生态位重叠关系和生态位异化关系；其次，建立新技术采纳的Arthur 竞争博弈模型，分析在生态位重叠条件下，决策成本、R&D 投入、用户采纳偏好和采纳收益等指标对新技术用户采纳数量的影响，进而从新技术被采纳结果入手探索生态位重叠关系下数字创意产业主导技术优势种的形成机理；最后，仿真模拟了生态位重叠关系下数字创意产业主导技术优势种的形成过程。

第4章 技术域层面数字创意产业主导技术的形成机理及仿真研究

本章基于前文的研究内容，立足于技术域层面，运用 Logistic 模型，分析动态竞争关系下的数字创意产业优势技术标准的形成机理，并对动态竞争关系下数字创意产业优势技术标准的形成过程进行仿真模拟，以剖析技术域层面数字创意产业主导技术的形成规律。

4.1 数字创意产业技术标准之间的动态竞争

近年来，复杂技术的大规模创新和智能技术开发越来越依赖于技术标准的确立，由此表明，谁掌握了技术标准的制定权，谁就掌握了竞争的制高点和市场的主动性[182]。同样地，以主导性、复杂性和领先性为重要特征的数字创意产业的主导技术也可以视为一种复杂技术，它的形成过程也离不开技术标准的确立。国际标准化组织（ISO）关于技术标准的定义是：技术标准是一种或一系列具有强制性要求或指导性功能，内容含有细节性技术要求和有关技术方案的条件，其目的是让相关的产品或服务达到一定的安全标准或市场准入的要求[52]。技术标准是一种特殊的知识形式[183]，是根据技术性事项而进行的标准化，是生产活动的经验和总结，体现了类似公共物品的特性[52]。且现实中的技术标准更多的是由技术转化而来的，具有排他性，因此，技术标准可以视为一类特殊的技术种群，需要符合相应技术法规中规定的基本安全要求。

如前文 2.2.3.2 节中所述，数字创意产业技术域内不同类型的技术种群在遵循并执行同一系列规则和法则时，为了搜寻更高的适应度会产生竞争。竞争表现为某一类技术种群为了比其他技术种群获得更高的绩效而进行资源和市场的争夺。进一步地，数字创意产业技术域层面不同的技术标准也可以看成不同类型的技术种群，同样具有技术种群的"竞争"特征，由此推断，技术域内的技术标准之间也存在动态竞争关系。

竞争关系通常是指一方技术群体的存在给另一方技术群体带来负效应[184]。进一步地，技术标准竞争是指不兼容的技术标准之间争夺市场支配权的斗争[185]，其结果通常导致优势技术标准的形成，只有被市场接受的技术标准才能成为整个产业的优势技术标准[177]。因此，在市场利益的驱动下，企业主体希望通过技术标准竞争来产生主导技术，从而实现对市场的垄断，形成核心竞争优势，以获取绝对优势的市场份额以及超额垄断利润[186]。

综上所述，从技术域层面视角来看，在数字创意产业主导技术形成过程中，彼此竞争的技术标准决策主体为了保持各自竞争优势，获取市场份额，需不断通过技术创新来形成新的技术标准，进而拥有主导技术形成的话语权。如前文所述，优势技术标准确立是 MLP 分析框架下数字创意产业主导技术形成的关键环节。换言之，数字创意产业主导技术形成在技术域层面的表现为"优势技术标准"的形成。由此，本章将从竞争关系入手研究技术域层面数字创意产业优势技术标准的形成。结合主导技术的定义和特征，本书认为，优势技术标准是指技术域层面所有技术标准中占优势的技术标准，具备成为主导技术的潜力，具体识别特征为：具有较高的市场份额优势，且长期保持不变。

4.2 技术域层面竞争关系下数字创意产业主导技术形成机理

4.2.1 竞争关系下数字创意产业优势技术标准形成的 Logistic 增长模型构建

4.2.1.1 Logistic 种群增长模型的基本介绍

Logistic 种群增长模型是由 Verhulst 于 1838 年提出的，起初用于人口数量的估计与预测，其后被应用于动植物生长发育或繁殖过程等方面的研究[187,188]。该模型刻画了一种生物种群增长的规律，即：生物种群数量呈现出 S 型的增长趋势。也就是说，在资源有限的情况下，该种群最初的增长速度较快，种群的规模不断扩大；但随着时间的推移，由于受到资源约束，种群的出生率或存活率会因单位种群占有资源量的降低而下降，直至为零，即种群不再增长[189]，如图 4-1 所示。Logistic 模型可以用于分析单个种群增长以及多种群之间的竞争、合作、共生等相互作用关系[190]。

经典的 Logistic 模型表达式如下：

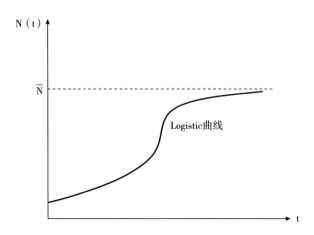

图 4-1　Logistic 种群自然增长模型

$$\frac{dN(t)}{dt} = \alpha N(t)\left(1 - \frac{N(t)}{\overline{N}}\right) \tag{4-1}$$

其中，$N(t)$ 表示第 t 个周期的种群规模；α 表示种群的自然增长率；初始周期 $t_0 = 0$，$\overline{N}$ 表示种群在资源和环境允许情况下的最大成长规模；$1 - \frac{N(t)}{\overline{N}}$ 表示种群最大可利用空间中未使用的部分。

独自生存的生物种群数量的演化符合 Logistic 增长规律[191]。如 2.2.2.2 节中所述，在特定的市场环境中，主导技术种群的生存、发展、壮大乃至灭亡的过程与生物种群有着类似的特征。因此，部分学者采用 Logistic 模型来研究技术种群。例如，黄鲁成和张红彩以通信设备制造业为例，通过分析技术创新种群（技术创新主体与技术创新成果）的演化规律，验证了运用 Logistic 种群增长模型研究技术创新问题的可行性[192]。Andersen 则采用 Logistic 模型的差分形式，分析了铁路作为一种新的交通运输技术的应用发展标志物，证明了新技术的用户数量变化规律符合 Logistic 模型[187]。由此可见，Logistic 模型也适用于模拟技术种群的成长和技术用户规模的变化。

4.2.1.2　竞争关系下优势技术标准形成的 Logistic 模型的基本假设

技术域层面数字创意产业的同类技术标准通常可分为新技术标准和旧技术标准。由此，技术域层面竞争关系下的数字创意产业主导技术形成的过程可描述为新技术标准之间、新技术标准和旧技术标准之间进行用户规模角逐，直至某项技术标准在市场中取得主导地位的过程。具体来说，一方面，如前文 3.2.3 节和 3.3.3 节中所述，经过前期生态位层面的研发积累和商业化，新技术突破了生态位的保护，成为一系列的新"主导技术优势种"，不连续地进入技术域层面的主流市场，并逐渐形成新的主导技术优势种群。同时，根据已有研究可知，不连续技术通常导致技术标准形成[162]，因此，这些新的主导技术优势种群在技术域层面形成了新的技术标准，与技术域层面现有的技术标准（旧技术标准）共同存在于市场中。另一方面，数字创意产业主导技术具有主导性、领先性和综合性等特征，技术主体可以通过技术标准的市场竞争产生优势技术标准，从而实现对市场的垄断、对行业的掌控，形成核心竞争优势，以获取绝对优势的市场份额以及超额垄断利润。在此种市场利益的驱动下，大部分技术主体都希望自己支持的技术标准成为优势技术标准，甚至确立为主导技术，因而陆续地加入"技术标准战"，由此引发了围绕"优势技术标准"的一系列竞争活动。在这一过程中，技术标准之间的相互竞争可能表现为新技术标准和旧技术标准的竞争，也可能表现为不同新技术标准之间的竞争，直到出现优势技术标准。值得注意的是，只有被市场广泛接受的技术标准才能成为主导技术[177]，这也就意味着，哪一项技术标准在竞争中取得胜利并赢得市场中绝大多数的用户采纳数量（用户规模），哪一项技术标准才可以成为优势技术标准，从而有希望形成主导技术。所以本书认为，技术域层面竞争关系下数字创意产业主导技术形成的过程本质上是不同技术标准之间用户规模的竞争过程。

综上所述，采用 Logistic 增长模型分析技术种群形成具有合理性和可行性。考虑到技术标准也是技术种群，故本书将基于 Logistic 种群增长模型构建竞争关系下数字创意产业优势技术标准形成的 Logistic 模型，解释模型平衡点及稳定条件在技术标准竞争中的现实意义，并通过数值仿真来模拟数字创意产业竞争关系下技术标准的用户规模变化，分析竞争关系下数字创意产业优势技术标准的形成过程，从而揭示数字创意产业主导技术的形成机理和规律。

优势技术标准成功确立的关键在于用户规模[193]，因而，考察同一产业内技术标准竞争关系时，主要关注技术标准的用户规模问题。同时，为使问题简化，本章以两个技术标准的竞争互动为例，讨论竞争强度（竞争系数）不同的情况下数字创意产业技术标准用户规模的变化过程，并提出如下假设：

假设1：假设以技术标准的用户规模（以用户采纳数量占比来计算）变化表示技术标准的成长状况。如果用户规模越大，表示技术标准的成长状况越好；反之，如果用户规模越小，则表示技术标准趋于消亡。

假设2：假设在一个特定的时间和空间里，原材料、劳动力、资本和市场规模等各种要素禀赋是一定的。同时，每个技术标准的用户规模具有各自的固有增长率。

假设3：假设当技术市场中只存在一个技术标准时，其用户采纳数量占比的变化均符合 Logistic 增长规律，x（t）代表技术标准在时刻 t 的用户采纳数量占比，t 不仅表示时间，而且隐含着对产出水平产生影响的各因素（如信息及制度等）变化的含义。

假设4：假设数字创意产业技术域层面存在两个技术标准——技术标准甲和技术标准乙，两者互为竞争对象。其中，支持技术标准甲的技术决策群体记为群体Ⅰ，支持技术标准乙的技术决策群体记为群体Ⅱ。

假设 5：假设技术标准甲和技术标准乙所在的种群集均为 ｛新技术标准，旧技术标准｝。换言之，技术标准甲可能为新技术标准，也可能为旧技术标准；同样地，技术标准乙亦然。进一步地，本书假设仅以初始用户规模（x_0）的取值大小来区分新技术标准和旧技术标准。并且，本书假设新技术标准与新技术标准之间的初始用户规模相差无几，而旧技术标准的初始用户规模大于新技术标准的初始用户规模。

假设 6：假设技术标准甲和技术标准乙的竞争强度可用竞争系数表示。竞争系数代表技术标准甲（或技术标准乙）受到技术标准乙（或技术标准甲）的竞争强度。当技术标准甲竞争系数值较小时，说明与技术标准乙相比，技术标准甲的竞争强度较高，受到技术标准乙的影响较小；反之，当技术标准甲竞争系数值较大时，表明与技术标准乙相比，技术标准甲的竞争强度较低，受到技术标准乙的影响较大。

4.2.1.3　竞争关系下优势技术标准形成的 Logistic 模型构建

（1）单个技术标准的成长模型。

根据上述研究假设及生物种群的 Logistic 增长模型，本书假定单个技术标准成长模型为：

$$\frac{dx(t)}{dt} = rx(t)\left(\frac{K-x(t)}{K}\right) = rx(t)\left(1-\frac{x(t)}{K}\right),\ x(0) = x_0 \qquad (4-2)$$

其中，$x(t)$ 表示 t 时刻某一技术标准的用户规模；x_0 表示该技术标准的初始用户规模，如果 x_0 的值较高，表示该技术标准在用户规模方面具有初始优势；K 表示用户规模发展的极限或市场最大容量，或称为最大承载力；r 表示技术标准用户规模的自然成长率；$\left(1-\frac{x(t)}{K}\right)$ 代表剩余的成长资源占总成长资源的比例。$\left(1-\frac{x(t)}{K}\right)$ 的不同取值对应着以下几种情况：如果技术标准的用

户规模 $x(t)$ 趋于 0，则 $\left(1-\dfrac{x(t)}{K}\right)$ 项就趋于 1，表示几乎全部的成长资源未被利用，该技术标准的用户规模潜力处于最大状态；如果 $x(t)$ 趋于 K，则 $\left(1-\dfrac{x(t)}{K}\right)$ 趋于 0，则表示成长资源几乎全部被利用，技术标准的用户规模增长潜力将趋于零；随着技术标准的成长与发展，用户规模 $x(t)$ 由 0 逐渐增加到 K，$\left(1-\dfrac{x(t)}{K}\right)$ 则由 1 逐渐下降为 0，表示成长资源的剩余空间逐渐缩小，用户规模增长潜力逐渐降低[188]。

（2）竞争关系下两个技术标准的成长模型。

范海洲和马鸿梅运用扩展 Logistic 模型研究了企业的竞争互动，为本书运用此模型分析数字创意产业竞争关系下两个技术标准的成长、优势技术标准的形成提供了依据。范海洲和马鸿梅构建的企业竞争 Logistic 模型的方程如下[191]：

$$x_A(t) = r_A x_A \left(1 - \frac{x_A}{P_A} - f_B \frac{x_B}{P_B} \right) \tag{4-3}$$

$$x_B(t) = r_B x_B \left(1 - \frac{x_B}{P_B} - f_A \frac{x_A}{P_A} \right) \tag{4-4}$$

借鉴上述方程，本书提出两个技术标准竞争模型的 Logistic 方程，如式（4-5）、式（4-6）所示。由于新技术标准和新技术标准的竞争模型、新技术标准和旧技术标准的竞争模型仅在初始用户规模方面的取值不同，其模型表达式完全一致，故此处不作分别赘述，将在下文的仿真研究中进行详细的区别分析与讨论。

$$\frac{dx_1(t)}{dt} = r_1 x_1(t) \left(1 - \frac{x_1(t)}{K_1} - f_2 \frac{x_2(t)}{K_2} \right) \tag{4-5}$$

$$\frac{dx_2(t)}{dt} = r_2 x_2(t) \left(1 - \frac{x_2(t)}{K_2} - f_1 \frac{x_1(t)}{K_1} \right) \tag{4-6}$$

其中，$x_1(t)$ 和 $x_2(t)$ 分别表示 t 时刻技术标准甲和技术标准乙的用户规模，$x_1(0)$ 和 $x_2(0)$ 分别表示技术标准甲和技术标准乙的初始用户规模；r_1 和 r_2 分别表示两个技术标准的自然增长率；K_1 和 K_2 分别表示资源环境对两个技术标准单独生存的用户规模极限；f_1 和 f_2 分别表示两个技术标准的竞争系数。其中，f_1 表示技术标准乙受到技术标准甲的竞争作用的强度系数，简称为技术标准乙的竞争系数，表示将技术标准甲的产量折算为技术标准乙的产量的比率，其取值大小代表技术标准甲的竞争强度，即技术标准甲的存在消耗技术标准乙的成长资源、导致技术标准乙的增长速度降低的程度[188]；同理，f_2 表示技术标准甲受到技术标准乙的竞争作用的强度系数，简称技术标准甲的竞争系数，表示将技术标准乙的产量折算为技术标准甲的产量的比率[194]，其取值大小表示技术标准乙的竞争强度，即技术标准乙的存在消耗技术标准甲的成长资源、导致技术标准甲的增长速度降低的程度[188]。参考孙冰等关于两个软件产品共生模型的参数取值的定义[156]，由式（4-5）可知，$f_2 > 1$ 表示在供养技术标准甲的资源中，技术标准乙的消耗多于技术标准甲，即技术标准乙的竞争能力强于技术标准甲。同理，由式（4-6）可知，$f_1 > 1$ 表示在供养技术标准乙的资源中，技术标准甲的消耗多于技术标准乙，即技术标准甲的竞争能力强于技术标准乙。

4.2.1.4　模型稳定点及稳定条件

在竞争关系下两个技术标准的成长过程中，f_1、f_2 是两个关键指标。

为了研究数字创意产业竞争关系下两个技术标准的成长过程，即式（4-5）和式（4-6）中 $x_1(t)$、$x_2(t)$ 的趋向，根据范海洲和马鸿梅的研究方法可以得到式（4-5）、式（4-6）的平衡点及稳定条件[191]，如表 4-1 所示。

根据 f_1、f_2 的定义，以及两者间关系 $f_1 = \dfrac{1}{f_2}$，f_1、f_2 不可能同时小于 1，即在双方的竞争中，技术标准甲不是打败技术标准乙，就是被技术标准乙打败；

不可能出现第三种情况。结合建模过程中 f_1、f_2 的含义，进一步阐述稳定平衡点情况下的技术标准竞争结果如下（见表 4-1）：

表 4-1　技术标准竞争模型的平衡点及稳定条件

平衡点	稳定条件
$(K_1, 0)$	$f_1>1$，$f_2<1$
$(0, K_2)$	$f_1<1$，$f_2>1$
$\left(\dfrac{(1-f_2)K_1}{1-f_1f_2}, \dfrac{(1-f_1)K_2}{1-f_1f_2}\right)$	$f_1<1$，$f_2<1$
$(0, 0)$	不稳定

第一，当 $f_1>1$，$f_2<1$ 时，如前文所述，$f_1>1$ 意味着在对供养技术标准乙的资源竞争中技术标准甲的竞争能力比技术标准乙强，而 $f_2<1$ 意味着在对供养技术标准甲的资源竞争中技术标准乙的竞争能力弱于技术标准甲。于是，竞争的最终结果是技术标准乙趋于灭亡，技术标准甲趋向最大容量 K_1，即 $x_1(t)$、$x_2(t)$ 趋向平衡点 $(K_1, 0)$。此时，技术标准甲成为优势技术标准。

第二，当 $f_1<1$，$f_2>1$ 时，情形正好与第一种结果相反。$f_1<1$ 表示在对供养技术标准乙的资源竞争中技术标准乙的竞争能力较技术标准甲强；同时，$f_2>1$ 表示在对供养技术标准甲的资源竞争中技术标准乙的竞争能力也强于技术标准甲。于是，竞争的最终结果是技术标准甲趋于灭亡，技术标准乙趋向于最大市场容量 K_2，即 $x_1(t)$、$x_2(t)$ 趋向平衡点 $(0, K_2)$。在此条件下，技术标准乙确立为优势技术标准。

综上可知，在技术域层面数字创意产业技术标准竞争过程中，优势技术标准形成存在两种稳定情况，分别为：技术标准甲胜出，技术标准乙退出；技术标准乙取胜，技术标准甲灭亡。进一步分析上述两种稳定条件，可以发现，某一项技术标准能否取胜受自身的竞争系数和竞争对手的竞争系数（f_1 和 f_2）取值大小的影响。但值得注意的是，关于优势技术标准的形成过程和规律，以及初始用户规模（$x_1(0)$ 和 $x_2(0)$）对优势技术标准形成的影响，均需进一步开展仿真研究。

4.2.2　竞争关系下数字创意产业优势技术标准形成机理

结合前文 4.2.1.3 节中竞争关系下优势技术标准形成的理论模型和 4.2.1.4 节中模型稳定条件的分析结果，可得出以下结论：当数字创意产业的两项技术标准处于竞争关系时，某一项技术标准能否取胜受自身的竞争系数和与之竞争的技术标准的竞争系数取值大小的影响。原因在于，某一技术标准的竞争系数较大意味着该技术标准的技术积累程度较高、具备足够的资金保障，可以吸引较多的用户采纳，推动该项技术标准用户规模的扩大，使其在市场中的主导地位得以凸显。在这种情境下，若某一项技术标准的竞争系数大于 1 且另一个技术标准的竞争系数小于 1 时，那么，市场上两种技术标准并存的竞争态势将宣告结束，竞争系数大于 1 的技术标准将胜出，并成为整个数字创意产业的优势技术标准，其他技术标准将被迫退出市场[186]，此时，数字创意产业优势技术标准得以形成。因此，在技术域层面竞争关系下，竞争系数是影响优势技术标准形成的关键因素，也是推动技术域层面数字创意产业主导技术形成的必要条件。关于初始用户规模（x_0），它将通过两种机制自我强化影响数字创意产业优势技术标准的形成。具体来说，第一种机制是信号传递机制，即潜在用户会将初始用户规模作为一种其他用户已经评估了技术的性能并做出了有利判断的信号，从而选择加入这类技术标准的使用者行列，使技术标准的用户规模更加庞大；第二种机制是互补效应，即为最终优势技术标准的技术决策主体提供互补性技术的技术主体，更愿意为那些他们认为具有最高初始用户规模的技术标准提供互补性技术。这是因为较大的初始用户规模意味着互补性技术将拥有更多的潜在顾客，而互补性技术的增加也有助于用户规模的扩大，这又反过来提高了用户规模，实现了自我强化。得益于两种机制带来的正反馈效应，初始用户规模将对优势技术标准形成产生正面作用，初始用户规模越大，优势技术标准获胜的可能性就更高[51]，进而更有希望形成主导技术。

可见，较高的竞争系数和初始用户规模可以促进竞争关系下数字创意产业优势技术标准的形成，进而有利于数字创意产业主导技术的形成。

4.2.3 竞争关系下数字创意产业优势技术标准形成仿真

4.2.3.1 新新技术标准竞争情况下优势技术标准形成的仿真

为探究竞争关系下数字创意产业主导技术形成的动态过程，本书将对数字创意产业技术标准形成的 Logistic 增长模型进行仿真。基于前文对模型稳定点和优势技术标准形成机理的分析，新技术标准与新技术标准之间的初始用户规模（$x_1(0)$ 和 $x_2(0)$）相差无几，因此，本书仅考察竞争系数变动条件下优势技术标准形成过程中用户规模的动态变化，以探析竞争关系下数字创意产业优势技术标准的形成过程和规律，进而剖析技术域层面竞争关系下数字创意产业主导技术的形成过程和机理。本书将分 $f_1>1$，$f_2<1$ 和 $f_1<1$，$f_2>1$ 两种情况进行仿真模拟，由于模拟实验中会存在一定的随机特性，因此，在仿真过程中，$f_1>1$，$f_2<1$ 和 $f_1<1$，$f_2>1$ 这两种情况的仿真均重复实验 10000 次且每次运行 12 个时间步长，得到每个时间步长内两个技术标准的用户采纳数量占全部市场的比例（用户规模），从而得到两个技术标准竞争条件下由于竞争系数变化而产生的用户采纳数量占比曲线。

（1）第一种情况：$f_1>1$，$f_2<1$。

当技术标准甲和技术标准乙均为新技术标准时，本书设定新技术标准与新技术标准之间的初始用户规模（$x_1(0)$ 和 $x_2(0)$）相等，模型参数如下：

$f_1 = 1.25$，$f_2 = 0.8$，$r_1 = 1.6$，$r_2 = 1.6$，$K_1 = 1$，$K_2 = 1$，$x_1(0) = 0.1$，$x_2(0) = 0.1$，得到仿真结果如图 4-2 所示。图 4-2 表示当竞争系数不同时，技术标准甲和技术标准乙的用户采纳数量占比曲线的变化，其中横坐标表示时间，纵坐标表示技术标准的用户采纳数量占整个市场的比例，三角形标记曲线代表技术标准甲的用户采纳数量占比变化，圆形标记曲线代表技术标准乙的用户采纳数量占比变化。由图 4-2 可知，随着竞争的不断展开，技术标准甲的用户采纳数量比例逐渐增加，最终趋向于 1；而技术标准乙的用户采纳数量比例不断下滑，最终趋向于 0，说明竞争力较强的技术标准甲击败了竞争力较弱的技术标准乙，最终成为市场中的"优势技术标准"，且未来有极大可能在社会技术地景层面成功确立为整个数字创意产业的主导技术；而技术标准乙将退出市场，失去成为主导技术的机会。这一仿真结果验证了前文中（K_1，0）为稳定点结论的正确性。更需要关注的是，该结果证明了竞争系数对技术域层面数字创意产业优势技术标准形成的促进作用。根据模型假设和竞争系数的定

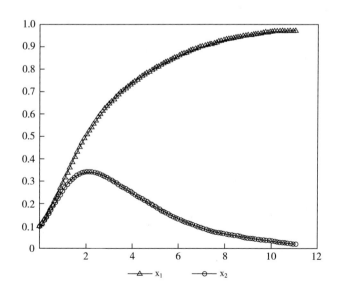

图 4-2　$f_1 = 1.25$，$f_2 = 0.8$ 时新新技术标准竞争的仿真结果

义可知，技术标准乙的竞争系数超过1说明技术标准甲的竞争强度超过1，换言之，技术标准甲的产量相对于技术标准乙的产量大于1。本书进一步联系实际，以企业技术标准竞争为例分析其原因：与技术标准竞争强度较低的企业相比，较高竞争强度技术标准的企业往往技术积累程度较高、具备足够的资金保障，使其技术标准研制效率也较高，更能满足市场需求以及主导技术的发展需求，能更快地适应用户需求变化，故较高的竞争强度可以推动优势技术标准形成，进而有利于数字创意产业主导技术的形成。

（2）第二种情况：$f_1 < 1$，$f_2 > 1$。

本书保持 $r_1 = 1.6$，$r_2 = 1.6$，$K_1 = 1$，$K_2 = 1$，$x_1(0) = 0.1$，$x_2(0) = 0.1$ 等参数取值不变，仅调整 $f_1 = 0.8$，$f_2 = 1.25$，得到仿真结果如图4-3所示，与图4-2中的曲线含义相同。可以看出，技术标准甲的用户采纳数量比例不断减小至0；而技术标准乙的用户采纳数量比例随着动态竞争的不断进行，逐渐增大为1，表明竞争力较强的技术标准击败竞争力较弱的技术标准，技术标准

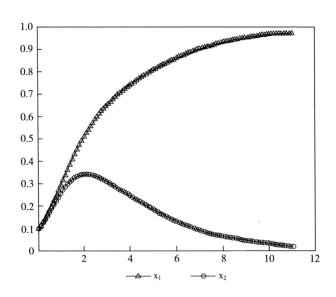

图4-3　$f_1 = 0.8$，$f_2 = 1.25$ 时新新技术标准竞争的仿真结果

乙最终成为市场中的优势技术标准，技术标准甲被市场淘汰。这一仿真结果印证了前文关于 $(0, K_2)$ 为稳定点的理论分析，也验证了竞争系数能够促进技术域层面数字创意产业优势技术标准形成这一论断的正确性。本书进一步联系实际，分析其原因：竞争强度较低的技术标准的产出较低，说明其创新资金的投入不稳定，后续资金投入随时存在中断的可能，因此有较大可能被竞争强度高的技术标准打败，不被市场接受和认可，从而失去成为优势技术标准的资格。

4.2.3.2　新旧技术标准竞争情况下优势技术标准形成的仿真

为研究基于竞争系数和初始用户规模的数字创意产业优势技术标准形成的动态过程，本部分将对新旧技术标准竞争的 Logistic 模型进行仿真。首先，本部分对基于竞争系数的优势技术标准形成模型进行模拟，正如前文所述，旧技术标准的初始用户规模大于新技术标准的初始用户规模，因此，本书假设技术标准甲为新技术标准、技术标准乙为旧技术标准，模型参数如下：$r_1 = 1.6$，$r_2 = 1.6$，$K_1 = 1$，$K_2 = 1$，$x_1(0) = 0.1$，$x_2(0) = 0.6$ 并保持不变，以满足 $x_1(0) < x_2(0)$ 的条件，仅调整竞争系的取值（f_1 和 f_2）来考察优势技术标准的形成过程和规律，并且与新新技术标准竞争的仿真保持一致以便进行比较分析。本书将对当 $f_1 > 1$，$f_2 < 1$ 时和当 $f_1 < 1$，$f_2 > 1$ 时两种情况进行仿真模拟，分别得到由于竞争系数变化导致两个技术标准竞争条件下的用户采纳数量占比变化的曲线；然后，本书对基于初始用户规模的优势技术标准形成模型进行模拟，取 $r_1 = 1.6$，$r_2 = 1.6$，$K_1 = 1$，$K_2 = 1$，$x_1(0) = 0.2$，$x_2(0) = 0.7$ 并保持不变，以满足 $x_1(0) < x_2(0)$ 的条件，为与基于竞争系数的优势技术标准形成仿真结果进行比较分析，此部分仿真也分别对当 $f_1 > 1$，$f_2 < 1$ 时和当 $f_1 < 1$，$f_2 > 1$ 时两种情况进行模拟，分别得到由于初始用户规模变化导致两个技术标准竞争条件下的用户采纳数量占比变化的曲线。因此，本节仿真将分为以下四种情况：

（1）第一种情况：$f_1 > 1$，$f_2 < 1$，$x_1(0) = 0.1$，$x_2(0) = 0.6$。

本书设定 $f_1 = 1.25$，$f_2 = 0.8$，得到仿真结果如图4-4所示。可以看出，新旧技术标准竞争过程存在一个临界点，即：新技术标准甲与旧技术标准乙的两条用户采纳数量比例曲线的相交点。在临界点前期，旧技术标准乙的用户采纳数量比例曲线先上升，然后呈直线下降，而新技术标准甲的用户采纳数量比例曲线直线上升；在临界点后期，新技术标准甲的用户采纳数量比例开始超过旧技术标准乙的用户采纳数量比例，且差距逐步拉大，直至新技术标准甲的用户采纳数量比例趋于1，而旧技术标准乙的用户比例趋于0。由此表明，新技术标准甲完全替代旧技术标准乙，成为技术域层面的"优势技术标准"，且它未来有极大希望在社会技术地景层面形成整个数字创意产业的主导技术；而旧技术标准乙将被市场淘汰，完全失去成为主导技术的机会。因此，

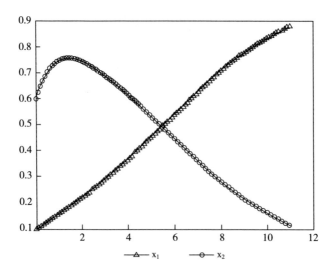

图4-4　$f_1 = 1.25$，$f_2 = 0.8$，$x_1(0) = 0.1$，$x_2(0) = 0.6$ 时

新旧技术标准竞争的仿真结果

这一仿真结果证明了 4.2.2 节形成机理中的结论，即：在技术域层面竞争关系下，竞争系数是影响技术标准竞争结果的关键因素，也是推动数字创意产业优势技术标准形成的必要条件。这一仿真结果在现实中表现为，新技术标准凭借其较高的竞争系数实现了整个数字创意产业市场中技术的破旧立新，以新技术标准替代现有技术标准，比如 4G 技术替代 3G 技术成为新的优势技术标准。

（2）第二种情况：$f_1 < 1$，$f_2 > 1$，x_1（0）＝0.1，x_2（0）＝0.6。

本书设定 $f_1 = 0.8$，$f_2 = 1.25$，得到仿真结果如图 4-5 所示。可以发现，新技术标准甲的用户采纳数量比例不断减小至 0；而旧技术标准乙的用户采纳数量比例逐渐增大为 1，表明竞争力较强的技术标准击败竞争力较弱的技术标准，旧技术标准乙最终成为市场中的优势技术标准，新技术标准甲被市场淘汰。因此，这一仿真结果印证了竞争系数能够促进技术域层面数字创意产业优势技术标准的形成。

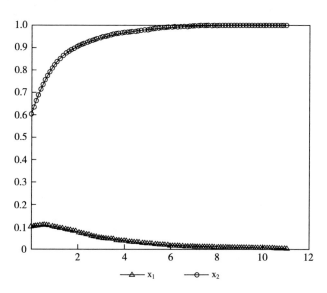

图 4-5　$f_1 = 0.8$，$f_2 = 1.25$，x_1（0）＝0.1，x_2（0）＝0.6 时

新旧技术标准竞争的仿真结果

（3）第三种情况：$x_1(0) = 0.2$，$x_2(0) = 0.7$，$f_1>1$，$f_2<1$。

本书在第一种情况的参数取值基础上，保持 $r_1 = 1.6$，$r_2 = 1.6$，$K_1 = 1$，$K_2 = 1$，$f_1 = 1.25$，$f_2 = 0.8$ 不变，同时增大技术标准甲和技术标准乙的初始用户规模值为：$x_1(0) = 0.2$，$x_2(0) = 0.7$，满足 $x_1(0) < x_2(0)$ 且 $f_1>1$，$f_2<1$ 的条件，得到仿真结果如图4-6所示。由图4-6可知，新技术标准甲和旧技术标准乙在用户采纳数量比例方面的走势与第一种情况仿真图4-4中的技术标准用户采纳数量比例的走势保持一致，即：在临界点前期，旧技术标准乙的用户采纳数量比例曲线先上升后呈直线下降，而新技术标准甲的用户采纳数量比例曲线直线上升；在临界点后期，新技术标准甲的用户采纳数量比例开始超过旧技术标准乙的用户采纳数量比例，且差距逐步拉大，直至新技术标准甲的用户采纳数量比例趋于1，而旧技术标准乙的用户比例趋于0。将图4-6与图4-4进一步对比可以发现，在图4-4中，当步长约为5.4时，新

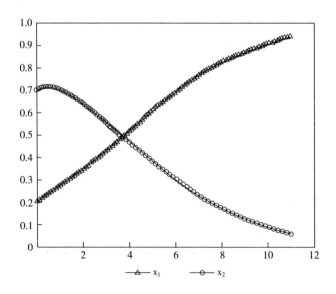

图4-6　$x_1(0) = 0.2$，$x_2(0) = 0.7$，$f_1 = 1.25$，$f_2 = 0.8$ 时

新旧技术标准竞争的仿真结果

旧技术标准的用户采纳数量占比曲线相交；而在图 4-6 中，当步长约为 3.8 时，新旧技术标准的用户采纳数量占比曲线相交；且与图 4-4 相比，图 4-6 中新技术标准甲更快趋于 1，旧技术标准乙的用户采纳数量比例亦更快趋于 0，说明了较高初始用户规模可以加快优势技术标准形成的速度，进而有利于推动数字创意产业主导技术的形成。

（4）第四种情况：$x_1(0) = 0.2$，$x_2(0) = 0.7$，$f_1<1$，$f_2>1$。

在第二种情况的参数取值基础上，保持 $r_1 = 1.6$，$r_2 = 1.6$，$K_1 = 1$，$K_2 = 1$，$f_1 = 0.8$，$f_2 = 1.25$，同时增大技术标准甲和技术标准乙的初始用户规模值为：$x_1(0) = 0.2$，$x_2(0) = 0.7$，满足 $x_1(0) < x_2(0)$ 且 $f_1<1$，$f_2>1$ 的条件，得到仿真结果如图 4-7 所示。由图 4-7 可知，技术标准甲和技术标准乙的用户采纳数量比例曲线走势与第二种情况图 4-5 中的两项技术标准的用户采纳数量比例曲线走势分别相同；与图 4-5 中的技术标准乙的用户采纳数量比例曲

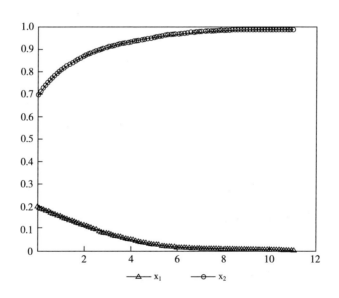

图 4-7 $x_1(0) = 0.2$，$x_2(0) = 0.7$，$f_1 = 0.8$，$f_2 = 1.25$ 时

新旧技术标准竞争的仿真结果

线趋于 1 的速度和技术标准甲的用户采纳数量比例曲线趋于 0 的速度相比，在图 4-7 中，技术标准乙的用户采纳数量比例曲线更快到达 1 且技术标准甲的用户采纳数量比例曲线更快趋向 0。在图 4-5 中，当步长 = 10.5 时，技术标准乙的用户采纳数量占比为 1 且保持稳定，而在图 4-7 中，当步长为 10.4 时，技术标准乙的用户采纳数量占比为 1 且保持稳定。表明较高的初始用户规模可以加快优势技术标准的形成，从而有利于促进数字创意产业主导技术形成速度的加快。

通过进一步分析技术域层面数字创意产业的新新技术标准竞争和新旧技术标准竞争的仿真过程，本书对优势技术标准的形成机理和规律加以剖析并得到以下结论：

第一，基于新新技术标准竞争的仿真结果（见图 4-2、图 4-3）可以看出，在仿真前期，失败的新技术标准的用户采纳数量比例曲线仍有上升趋势，但在仿真后期，其用户采纳数量比例曲线开始急剧下降。这是由于在新技术标准进入市场初期，市场和消费者对新技术标准的了解不够深入，这使失败的新技术标准仍可以获得短暂的发展空间；但随着市场和消费者接受程度不断加深和期望的逐渐一致，对优势技术标准的选择方向更为明确，成功的技术标准优势逐渐凸显出来，而失败技术标准因不能满足市场和消费者被快速淘汰，最终退出市场。

第二，在新旧技术标准竞争且新技术标准竞争强度大于旧技术标准的情况下（见图 4-4、图 4-6 的第一、第三种仿真结果），新旧技术标准竞争过程中存在临界点，因此，本书认为，技术域层面新旧技术标准竞争关系下的主导技术形成过程存在关键节点，一旦跨越关键节点，新技术标准替代旧技术标准就成为不可逆的社会发展趋势，这一观点与焦勇和杨蕙馨的观点在本质上是一致的[195]。

第三，综合新旧技术标准竞争仿真结果（见图 4-4、图 4-5）可以发现，新旧技术标准竞争关系下"优势技术标准"形成存在两种情况：新技术标准替代旧技术标准，成为优势技术标准；旧技术标准打败新技术标准，继续保持主导地位。结合两种情况的仿真结果，竞争强度的高低是决定优势技术标准形成的决定性因素，即：无论是新技术标准还是旧技术标准，哪一项技术标准的竞争强度较高，哪一项技术标准就会成为优势技术标准，且在未来有极大希望在社会技术地景层面形成整个数字创意产业的主导技术。

第四，将新新技术标准竞争的仿真与新旧技术标准竞争的仿真进行比较，可以发现：在竞争系数变动的情况下，新新技术标准竞争的仿真结果和新旧技术标准竞争的仿真结果一一对应（图 4-2、图 4-4、图 4-6 对应，图 4-3、图 4-5、图 4-7 对应），且最终趋势保持一致，只是起点和形成速度不同。由此可知，当两个技术标准竞争时，初始用户规模的大小可以影响主导技术形成的速度，并不能影响最终优势技术标准确立的结果，进而也不能影响主导技术形成的整体趋势。需要注意的是，哪一项技术标准可以成为优势技术标准是由自身及其竞争对手的竞争强度决定的。因此，本书认为，初始用户规模可以加快主导技术形成的速度，但竞争强度是决定主导技术形成的最终结果的关键因素。这一仿真结论也验证了前文 4.2.2 节中得到的结论。

4.3　本章小结

首先，本章对技术域层面数字创意产业技术标准的技术种群之间的动态竞争关系进行了理论分析。其次，运用 Logistic 种群增长模型分别对数字创意产业新新技术标准竞争、新旧技术标准竞争条件下的优势技术标准形成进行了机理分析，指出竞争强度和初始用户规模是影响竞争关系下数字创意产业优势技术标准形成的重要因素。最后，运用基于 Agent 的建模与仿真方法分别观察了新新技术标准竞争和新旧技术标准竞争情况下优势技术标准的形成规律。

第5章 社会技术地景层面数字创意产业主导技术的形成机理及仿真研究

本章基于第4章的研究结论，从社会技术地景层面出发，借助"刺激—反应"模型的基本框架，构建数字创意产业主导技术形成的"刺激—反应"模型，分别从社会技术地景对技术标准的选择、技术标准对社会技术地景的反应两方面对数字创意产业主导技术形成机理进行论述，并运用基于 Agent 的建模与仿真对数字创意产业主导技术形成的"刺激—反应"模型进行动态模拟，从而深入解析社会技术地景层面数字创意产业主导技术的形成机理。

5.1 复杂适应系统理论与"刺激—反应"模型

5.1.1 复杂适应系统理论

复杂适应系统（CAS）可以看作"相似且部分连接的微观结构"形成的

"复杂宏观集合",可以适应不断变化的环境,提高"宏观结构"的生存能力[196]。复杂适应系统理论是 Holland 教授基于复杂系统研究提出的,目的是分析复杂系统复杂性的形成和系统涌现的机理[197]。CAS 理论认为,主体的适应性是 CAS 的复杂性的来源,这些主体与环境、主体与其他主体间的交互作用不断调节自身,同时也对环境产生影响[198, 199]。复杂适应系统理论的主要特点是:将宏观方面与微观方面有机地联系起来。在宏观方面,注重主体的层次性、多样性与聚合性,强调主体与周围环境及主体间的相互作用使主体组成的系统不断演变或进化;此外,随机因素不仅影响系统状态,而且影响组织结构和行为方式。在微观方面,强调主体的主动性和适应性,主体通过与环境及其他主体的非线性交互作用"学习"或"积累经验",并且根据学到的经验以某种方式把"经历"记住,使之"固化"在自己以后的行为方式中,改变自身的结构和行为方式,以便更好地生存和发展[196]。

根据 Holland 教授的定义,一个典型的复杂适应系统应具备聚集(Aggregation)、非线性(Nonlinearity)、流(Flow)、多样性(Diversity)、标识(Tagging)、内部模型(Internal Model)和构件(Building Block)七大基本要素。

(1)聚集(Aggregation)。

指主体借助"黏合"机制组成较大的聚集体[200]。具体来说,聚集有两层含义:一是把相似的事物聚集成类,这是简化复杂系统的一种标准方法,也是构建模型的一种主要手段;二是指主体通过"黏合"形成新的、更高一级的主体经过多次重复可以获得复杂适应系统非常典型的层次组织[201]。聚集是复杂适应系统演化过程中十分关键的步骤,通常是系统宏观性质与状态发生改变的转折点。需要强调的是,聚集过程不是主体间的简单合并,也非吞并导致某些主体消失,原有主体并未消失,而是进入到新的更适合的环境中继续生存。

（2）非线性（Nonlinearity）。

在复杂适应系统中，各主体间相互影响和相互作用不是简单的、被动的、单向的因果关系，而是主动的适应关系。主体以往的历史经验在一定程度上会影响其当前和未来的行为。在这种情况下，线性的、简单的、直线式的因果链不复存在，实际的情况往往是正负反馈作用交互影响、互相缠绕的复杂非线性关系。

（3）流（Flow）。

在复杂适应系统中，行为主体之间、主体与环境之间存在各种各样的物质流、信息流和能量流。这些流的渠道是否通畅，周转迅速到什么程度，都直接影响系统的演化过程[198]。

（4）多样性（Diversity）。

在复杂适应系统中，在各种复杂因素的影响下，主体间的差异不断放大并最终发生分化，呈现出多样化态势。多样性是复杂性的另一种表现，追溯多样性产生的原因可以更好理解系统复杂性的根源。

（5）标识（Tagging）。

标识体现了主体从复杂适应系统环境中搜索和接受信息的方式和方法，在主体间互动交流过程中扮演了不可或缺的重要角色。在标识的作用下，主体能够分辨周围其他主体，从而进行选择性接触与合作，因此，在复杂适应系统中，标识是促进主体聚集和系统内部边界生成的重要机制，控制着主体间、主体与环境间的交互作用。

（6）内部模型（Internal Model）。

这一要素表明了复杂适应系统的层次观念。每个主体都具有复杂的内部机制，对整个复杂适应系统而言，统称为内部模型[198]。在复杂适应系统中，主体通过内部模型做出对外界的反应，接收回馈回来的信息，以及采取适应环境的行动[202]。

(7) 构件 (Building Block)。

复杂适应系统是在一些相对简单的构件基础上，通过改变它们的组合方式而形成的，如不同种类的树是树叶、树枝和树干等这些相似部分进行不同形式组合产生的。因此，复杂适应系统自身的复杂性不但与构件的数目和规模有关，还取决于构件重组的形式和次数[202]。

遵循"适应性造就复杂性"原则，一群具有自主适应行为能力的智能化主体是复杂适应系统形成和发展的基础。主体适应性行为表现为主体间、主体与环境间的物质信息交互，是复杂适应系统演化的核心驱动力。复杂适应系统演化是由主体适应行为推动的"自下而上"的过程：首先，复杂适应系统中的全部主体都处在同一个大环境中，但是每个主体仅能感知到和受制于有限范围的小环境，它们依照自身获取的有限信息来进行交流或产生冲突；其次，主体具备对环境的适应能力，能接受外界环境的变化刺激并对自身属性和策略进行调整，进而提高其对系统的适应强度和适应能力；最后，为了保证长久生存，主体的适应性调整同样具有持续性，众多主体行为折射出环境的复杂动态以及主体之间的共同发展。

5.1.2 "刺激—反应"模型概述

CAS 理论认为，"刺激—反应"原理是主体之间的交互、主体与所处环境的交互遵循的基本原理，具体而言，环境变化刺激主体，主体在目标指引下，通过自我学习改变自身的结构功能和行为准则以积极应对外界环境变化，达到与环境和谐共生的状态[202]。基于此，Holland 教授在《隐秩序》一书中提出"刺激—反应"模型，对复杂适应系统中活动的主体及其交互活动进行了界定，实现了更好地研究复杂适应系统的结果。

"刺激—反应"模型（Stimulus-response Models）包括探测器（Detector）、规则集（IF/THEN）和效应器（Effecter）三个主要部分[203]。探测器是主体接受刺激的器官，它代表了主体从环境中抽取信息的能力；规则集由一类 IF/THEN 组成，是主体对何种刺激做出怎样反应的规则的集合，它代表了主体信息的处理和整合能力；效应器是主体反应结果输出的器官，其功能是对主体的反应或主体行为结果进行输出[204]。"刺激—反应"模型的核心原理可以描述为：主体通过探测器感知环境发出的刺激，并将感知到的消息与规则集进行匹配，找到匹配的规则后则直接激活效应器对环境造成影响或引发另一个相匹配规则的激活和运行，如此循环着"探测—匹配—激活"的反应过程，一直到实现主体目标为止[205]。

5.2　社会技术地景层面数字创意产业主导技术形成的"刺激—反应"模型的构建

根据前文分析的内容，本书参考袭希的知识密集型产业"技术—环境"创新演化的"刺激—反应"的三层模型[106]、赵健宇和王铁男的战略联盟知识空间适应性演化的"刺激—反应"模型[171]，结合数字创意产业优势技术标准与社会技术地景的交互特征（反应—选择），构建社会技术地景层面数字创意产业主导技术形成的"刺激—反应"模型，如图 5-1 所示。

在社会技术地景层面数字创意产业主导技术形成的"刺激—反应"模型中，技术标准的反应需要通过探测器、效应器以及"IF-THEN"规则来实施。具体来说，技术标准决策主体利用探测器来接收外部社会技术地景带来的刺激。"IF-THEN"规则是针对输入的社会技术地景变化造成的刺激，技术标准决策主体应该采取哪一种模式或范式进行反应的过程。效应器是技术标准决策主体对外部的社会技术地景刺激经过学习来输出反应结果的"器官"。

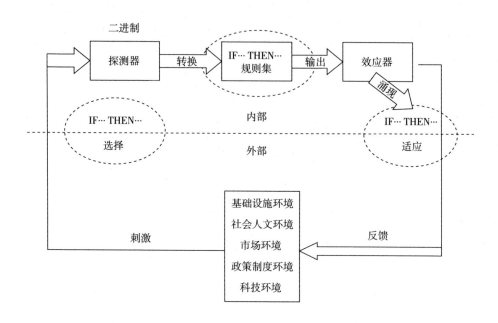

图 5-1 社会技术地景层面数字创意产业主导技术形成的"刺激—反应"模型

由图 5-1 可知，模型设定社会技术地景包括基础设施环境、社会人文环境、市场环境、政策制度环境和科技环境五方面要素。其中，基础设施环境为数字创意产业主导技术形成提供公共服务，是保障国家或区域产业活动正常健康进行的公共服务系统，也是数字创意产业主导技术得以形成的一般物质条件；社会人文环境是社会本体中隐藏的无形环境，指一种人文的、社会性的而非自然形成的环境要素；市场环境是指数字创意产业技术和产品所面向的市场需求和经济背景，是技术标准决策主体生存和主导技术形成的基本环境；政策制度环境是指国家或区域为了发展数字创意产业而设立的各项政策、法律、条例和制度等措施；科技环境是指数字创意产业面临的"社会—技术"支持，是数字创意产业所处的社会经济科技条件。上述基础设施环境、社会人文环境、市场环境、政策制度环境和科技环境五方面要素会向外界传达相关信息、知识等，这些信息和知识共同组成了社会技术地景的"刺激"。

需注意的是，在本模型中，技术标准决策主体包括技术标准创新决策主体（以下简称创新主体）和技术标准采纳决策主体（以下简称采纳主体）。创新主体是最主要、最直接、最关键的参与技术标准创新活动的主体[206]，是技术标准的"产出者"；采纳主体是所有直接采用技术标准的利益相关者，包括企业、政府、科研院所和金融机构等相关主体，是技术标准的"消费者"。

基于"刺激—反应"原理，在主导技术形成过程中，当社会技术地景发生变化时，技术标准产生反应，导致技术标准的知识基因结构发生变化。为描述基于"刺激—反应"原理的社会技术地景层面数字创意产业主导技术形成过程，并为后续的仿真设计提供理论依据，本章参考赵健宇和王铁男构建的战略联盟知识空间适应性演化的"刺激—反应"模型[171]，引入复杂适应系统理论的分析范式，将主导技术形成隐喻为复杂适应系统中优势技术标准与社会技术地景交互作用的结果，并提出以下假设：

假设 1："刺激—反应"作用的对象是所有技术标准，代表技术标准决策主体（包括创新主体和采纳主体）是有限理性的且遵从规则集合的内容。

假设 2：在"刺激—反应"原理作用下，数字创意产业主导技术形成的时间阶段为离散时间，即 $t=1, 2, 3\cdots$。

假设 3：技术标准具备反应能力，表示决策主体具备根据社会技术地景"刺激"的分析结果产生"反应"行为的能力。

假设 4：假设技术标准决策主体 i 所有知识基因组合形成的技术标准为 k_i。

假设5：假设技术标准的反应与"学习能力""创新主体数量"以及"采纳主体数量"相关。

假设6：假设技术标准的"学习能力""创新主体数量"以及"采纳主体数量"均取决于社会技术地景变化和技术标准的反应。

假设7：假设技术标准的适应强度与社会技术地景选择相关。

基于上述假设及模型构成模块，本书建立数字创意产业主导技术形成的"刺激—反应"模型。在该模型中，离散时间导致不同节点的社会技术地景产生刺激的强度不同和技术标准的知识信息内容差异，因此，本书采取集合的形式分析技术标准和技术标准决策主体变化。

相关指标的管理学意义如下：

$k_i(t)$——技术标准决策主体 i 在 t 时刻的技术标准（由知识基因组成）；

$s(t)$——社会技术地景变化的信息集合（刺激）；

$g(t)$——探测器感知的信息集合；

$r(t)$——技术标准的反应与改变函数（效应器输出），表示决策主体针对社会技术地景变化做出的反应与改变；

$l(t)$——技术标准的学习能力，表示决策主体在技术标准方面的学习能力；

$NI(t)$——创新主体数量；

$NA(t)$——采纳主体数量；

$e_i(t)$——技术标准对当前社会技术地景的反应函数，$e_i(t) \geq 0$。

值得注意的是，本书认为，技术标准的学习过程是通过技术标准与外部社会技术地景的互动进行的，技术标准的学习能力代表在这一交互过程中技术标准的知识获取、传播和使用的能力。

根据"刺激—反应"原理，规定在离散时间 t 内，技术标准决策主体凭借"刺激—反应"模型感知的信息集合 g（t），自发产生反应与改变 r（t），通过社会技术地景的选择产生一定的创新主体数量（NI（t））和采纳主体数量（NA（t）），共同驱动主导技术"适应—选择"的形成，据此，技术标准更新其知识空间结构为：

$$k_i(t+1) = g(t)l(t)NI(t)NA(t)r(t)k_i(t) \tag{5-1}$$

式（5-1）表示，技术标准知识空间结构的更新受探测器感知的社会技术地景变化信息、技术标准的学习能力、创新主体数量、采纳主体数量、技术标准的反应，以及技术标准当前知识结构的影响。

在"刺激—反应"过程中，技术标准根据探测器感知到的社会技术地景变化进行学习，更新自身的学习能力，得到：

$$l(t+1) = r\{g(t), l(t)\} \tag{5-2}$$

式（5-2）表示学习能力受社会技术地景变化和技术标准反应影响。

创新主体数量与社会技术地景变化及创新主体的技术标准反应相关，更新函数为：

$$NI(t+1) = r_I\{g_I(t), NI(t)\} \tag{5-3}$$

采纳主体数量根据社会技术地景变化及采纳主体的技术标准反应不断更新，计算公式为：

$$NA(t+1) = r_A\{g_A(t), NA(t)\} \tag{5-4}$$

考虑技术标准对社会技术地景变化的反应函数，秉承遗传算法的思想，运用反应函数测量探测器感知的信息集合为：

$$\begin{cases} g(t) = e_i(t)k_i(t) \\ e_i(t) = k_i(t)s(t) \end{cases} \tag{5-5}$$

其中，$e_i(t)$ 表示在离散时间 t 中技术标准 $k_i(t)$ 的适应强度。

创新主体进行的技术标准反应与改变以社会技术地景变化为依据，并根据技术标准的学习能力、创新主体数量、采纳主体数量逐渐产生，其表现形式为：

$$r_I(t+1) = s_I(t)g_I(t)l(t)NI(t)NA(t)k_i(t) \tag{5-6}$$

其中，$r_I(t+1)$ 为创新主体的技术标准反应的涌现结果，表示反应与环境刺激、探测器感知信息、技术标准的学习能力、创新主体数量、采纳主体数量、技术标准的当前知识空间结构有关。

采纳主体进行的技术标准反应与改变以社会技术地景变化为依据，并根据技术标准的学习能力、采纳主体数量、创新主体数量逐渐产生，其计算公式为：

$$r_A(t+1) = s_A(t)g_A(t)l(t)NI(t)NA(t)k_i(t) \tag{5-7}$$

其中，$r_A(t+1)$ 表示采纳主体进行技术标准反应的涌现结果。

由式（5-6）和式（5-7）可得数字创意产业市场中所有技术标准的反应结果 $r(t)$ 为：

$$\begin{cases} r_I(t+1) = s_I(t)g_I(t)l(t)NI(t)NA(t)k_i(t) \\ r_A(t+1) = s_A(t)g_A(t)l(t)NI(t)NA(t)k_i(t) \end{cases} \tag{5-8}$$

当社会技术地景变化时，技术标准适应强度调整函数为：

$$e_i(t+1) = e_i(t)k_i(t)g(t) \tag{5-9}$$

式（5-9）表示当前的技术标准经由社会技术地景选择后的适应强度变化，即：社会技术地景选择该技术标准，适应强度增加 1 个单位；反之，适应强度减少 1 个单位。

通过上述公式可知，基于"刺激—反应"模型，主导技术形成不仅依托于探测器感知的社会技术地景变化对技术标准的"刺激"，更取决于技术标准能否产生有效的"反应"行为。其中，学习能力、创新主体数量、采纳主体数量以及适应强度对技术标准反应结果能否被社会技术地景接受具有至关重要的影响。

5.3　社会技术地景层面数字创意产业主导技术形成机理

基于前文构建的"刺激—反应"模型，在社会技术地景层面，学习能力、创新主体数量、采纳主体数量和适应强度对数字创意产业主导技术形成具有决定性影响。

前文已述，"适应性造就复杂性"是 CAS 的基本思想。"刺激—反应"模型中的主体同样具有适应性特征。换言之，在社会技术地景层面数字创意产业主导技术形成过程中，技术标准决策表现出典型的反应与改变特征。基于"刺激—反应"模型，具体表现为：当社会技术地景发生变化时，学习能力较高的技术标准的信息、知识处理能力较强，也就是说，它可以基于探测器探知的社会技术地景产生刺激的相关信息和知识，通过执行系统进行学习，并及时做出反应。基于"刺激—反应"模型，具体表现为：学习能力较高的技术标准能够积极自主地采用探测器接收社会技术地景的刺激，然后通过执行系统对这些刺激进行有意识的甄别、吸收、加工、发展，最后通过效应器产生可以在社会技术地景的选择中存活下来的行动，从而促进自己成为主导技术。在这一过程中，由于社会技术地景变化的不确定性导致数字创意产业主导技术的领先性、主导性、高渗透性和综合性等特征，较高学习能力的技术标准可以较为迅速地对社会技术地景变化做出反应，并有机会在社会技术地景的选择中赢得优势，形成主导技术，否则该技术标准将被社会技术地景淘汰。

某一项技术标准能否在社会技术地景中被选择，最终形成主导技术，取决于创新主体数量和采纳主体数量。创新主体数量和采纳主体数量将通过两种机制自我强化，直至其支持的技术标准成为主导技术。第一种机制是创新主体之间的感知与反应机制，当社会技术地景发生变化时，创新主体数量较高的技术标准具有更强的网络效应，能够更为迅速地感知社会技术地景带来的刺激，可以通过庞大数量的创新主体之间的交流和合作，对此种刺激做出更为有利的判断，并做出适应社会技术地景变化的反应；第二种机制是创新主体与采纳主体之间的互补效应，即主导技术的互补性技术的创新主体，更愿意为那些他们认为具有最高采纳主体数量的技术标准提供互补性技术，这是因为较多的采纳主体数量意味着互补性技术将拥有更多的潜在用户，而互补性技术的用户数量增大，又反过来提高了该项技术标准的采纳主体数量，实现了自我强化。得益于两种机制带来的正反馈效应，创新主体数量和采纳主体数量对主导技术形成产生正面作用，较高的创新主体数量和采纳主体数量可以提高主导技术获胜的可能性[51]。

　　正如第 2 章 2.2.4.2 节中所述，与自然生态系统生境对生物的自然选择作用类似，社会技术地景对主导技术形成同样具有自然选择作用。社会技术地景为数字创意产业主导技术形成提供了客观的外部环境，会对整个数字创意产业主导技术形成过程中的所有技术标准产生外部刺激和自然选择，控制着主导技术形成的方向和轨道。具体来说，经过前期技术域层面的"技术标准战"，新的优势技术标准已经确立，此时，它能否成为整个数字创意产业的主导技术的关键在于能否通过社会技术地景的检验。由于技术标准决策主体在技术域层面技术标准实现确立前无法事先准确预知社会技术地景环境对主导技术的选择方向，只能通过探测器获取社会技术地景的外部刺激，根据自身的情况做出技术标准创新或技术标准采纳决策，然后，技术标准接受社会技术地景的检验,正如"刺激—反应"模型设定,如果社会技术地景接受该项技术标准,那么,技术标准的适应强度(Expertise)就会增加,反之,则减少。经过长期的社会技术地景对技术标准的自然选择,数字创意产业中呈现"适者生存,优胜劣汰"的现象,适应强度较低的技术标准将被淘汰,最终选拔出来适应强度最高的技术标准将成为整个数字创意产业的主导技术。

综上所述,较高的学习能力、创新主体数量、采纳主体数量和适应强度能够通过影响技术标准对社会技术地景的反应行为、社会技术地景对技术标准的选择来推动主导技术的形成。

5.4 主导技术形成"刺激—反应"模型的仿真设计

正如3.2.4节中论述,Netlogo软件是为了建立模型分析复杂系统而设计的软件[180],特别适用于随时间演化的复杂系统,通过模型中微观层面的各主体之间的交互作用可以涌现出宏观模式[181]。所以,本书借助Netlogo软件来实现高技术主导技术形成"刺激—反应"模型的仿真设计,仿真设计包括环境、Agents和规则三个部分。

5.4.1 仿真环境

本书模型的仿真环境,即:Netlogo软件中的世界(World),定义为社会技术地景,是广泛的技术外部环境。同时,本书设定二维仿真视图的横轴代表技术标准的属性,纵轴表示技术标准的能力,仿真视图大小为 100×100。

"刺激—反应"模型原理是控制和描述技术标准与社会技术地景交互的情境，因此，将式（5-1）至式（5-9）的变量关系转换为 Logo 语言设计环境，并将每一仿真步长设定为一个单位时间。

5.4.2 Agent

正如前文 2.3.2 节已述，参考赵健宇和王铁男的"刺激—反应"模型中将 Agent 设置为知识基因的设定[171]，同样地，本书将 Agent 设置为技术标准，由知识基因组成。理论模型中涉及创新主体和采纳主体关于技术标准的一系列活动主要通过编程语言实现，一项技术标准背后的决策主体包括该技术标准的创新主体（产出者）和采纳主体（消费者）。为清晰地研究社会技术地景层面主导技术形成过程中技术标准的属性、能力和适应强度等方面的动态变化，模型进一步设置技术标准为三维向量，三个维度分别为 C、A、E。其中，本模型采用市场份额作为适应强度的代理变量，也就是说，模型中某一技术标准适应强度的高低同样表征着其市场份额的大小。如前文所述，仿真视图的横轴为技术标准的 C 属性，纵轴为技术标准的 A 能力，为便于观察，将所有技术标准设置在技术空间的中心位置，即：设置 C 的取值范围为［35，65］的整数，A 为［35，65］的实数，E 为［0，100］的整数，并对每一个维度在取值范围内随机赋值。同时，假设初始条件 Agent 的数量为 10，故仿真界面呈现出 10 项技术标准。考虑到数字创意产业主导技术的领先性和主导性，因而其所处的市场具有较高的淘汰率，本书设定淘汰适应强度 E 最小的 Agent，淘汰比例为 μ。

5.4.3 规则

根据前文构建的"刺激—反应"模型：每个 Agent 的适应强度更新是通

过探测器、IF/THEN 规则和效应器来完成的。社会技术地景环境会产生刺激，Agent 利用探测器来接收和输入这些刺激，IF/THEN 规则是针对输入的刺激运用哪一种模式或范式进行反应的过程，效应器是输出针对刺激的反应结果。

同时，本书规定规则集中"IF…THEN…"规则形式如下：

（1）反应规则形式。

IF 市场环境要素改变 THEN 技术标准的学习能力改变；

IF 政策制度环境要素改变 THEN 技术标准的学习能力改变；

IF 科技环境要素改变 THEN 技术标准的学习能力改变；

IF 基础设施环境要素改变 THEN 技术标准的学习能力改变；

IF 社会人文环境要素改变 THEN 技术标准的学习能力改变；

IF 市场环境要素改变 THEN 技术标准的属性 C 改变；

IF 政策制度环境要素改变 THEN 技术标准的属性 C 改变；

IF 科技环境要素改变 THEN 技术标准的学习属性 C 改变；

IF 基础设施环境要素改变 THEN 技术标准的属性 C 改变；

IF 社会人文环境要素改变 THEN 技术标准的属性 C 改变；

IF 市场环境要素改变 THEN 技术标准的能力 A 改变；

IF 政策制度环境要素改变 THEN 技术标准的能力 A 改变；

IF 科技环境要素改变 THEN 技术标准的能力 A 改变；

IF 基础设施环境要素改变 THEN 技术标准的能力 A 改变；

IF 社会人文环境要素改变 THEN 技术标准的能力 A 改变。

值得关注的是，基于袭希的研究结论[106, 207]，模型设定的规则中社会技术地景的各个要素均可以随机改变方向，即改变值为正或改变值为负，分别代表社会技术地景发生正向改变或负向改变，而正向或负向的社会技术地景改变仅代表了某种刺激方向。相应地，技术标准也可以随机地正向改变、负向改变或者保持不变，象征着技术标准的反应。此外，与前文 2.3 节中仿真基础设定保持一致，本模型中的技术标准属性 C 表示在科学、技术或商业领域的一种资格；技术标准能力 A 是在该领域中的一种特定能力。

（2）选择规则形式。

IF 技术标准反应方向与社会技术地景改变方向一致 THEN 技术标准的适应强度（E）增加 1 个单位；

IF 技术标准反应方向与社会技术地景改变方向不一致 THEN 技术标准的适应强度（E）减少 1 个单位；

IF 面对社会技术地景的改变，技术标准保持不变 THEN 技术标准的适应强度（E）不变；

IF 技术标准反应方向与社会技术地景改变方向一致 THEN 创新主体数量增加 1 个单位；

IF 技术标准反应方向与社会技术地景改变方向不一致 THEN 创新主体数量减少 1 个单位；

IF 面对社会技术地景的改变，技术标准保持不变 THEN 创新主体数量不变；

IF 技术标准反应方向与社会技术地景改变方向一致 THEN 采纳主体数量增加 1 个单位；

IF 技术标准反应方向与社会技术地景改变方向不一致 THEN 采纳主体数量减少 1 个单位；

IF 面对社会技术地景的改变，技术标准保持不变 THEN 采纳主体数量不变。

5.5　数字创意产业主导技术形成的仿真实验

以主导技术形成的"刺激—反应"模型和仿真设计为基础,本节考察市场环境、政策制度环境、科技环境、基础设施环境、社会人文环境等社会技术地景要素变动条件下技术标准的动态变化,以探析技术标准和社会技术地景的交互影响,进而解析社会技术地景层面数字创意产业主导技术的形成过程和规律,得到如下仿真结果。

5.5.1　初始模型参数设定与仿真

本书假定步长 ticks＝0 时数字创意产业中技术标准处于稳定状态,随机设置 10 项优势技术标准,本次仿真不考虑数字创意产业技术标准与其他技术标准之间的交互作用,仅将研究技术标准与社会技术地景之间的交互作用作为重点。圆点代表社会技术地景层面的优势技术标准,是由技术域层面"技术标准战"选拔出来,并顺利进入社会技术地景层面的。本书将圆点设定在社会技术地景环境空间的中心位置以便观察。初始状态没有任何社会技术地景变化,仿真如图 5-2 所示。

图 5-2　数字创意产业主导技术形成的"刺激—反应"模型仿真的初始界面

5.5.2 社会技术地景正向变化时主导技术形成的仿真分析

设定市场环境、政策制度环境、科技环境、基础设施环境、社会人文环境等社会技术地景要素的变化值均为+1，表示社会技术地景各要素均发生正向的改变。仿真过程开始后，技术标准的空间分布、学习能力、创新主体数量、采纳主体数量以及适应强度变化分别如图5-3和图5-4所示。图5-3表示社会技术地景各要素正向变化时主导技术形成的仿真视图。图5-4代表社会技术地景各要素正向变化时各变量变化曲线，所有横轴均表示步长，关于纵轴的含义，其中，图5-4a中的纵轴为创新主体数量变化；图5-4b中的纵轴为采纳主体数量变化；图5-4c中的纵轴为所有技术标准的平均学习能力变

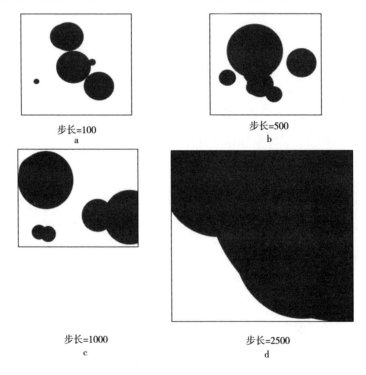

步长=100
a

步长=500
b

步长=1000
c

步长=2500
d

图5-3 社会技术地景层面数字创意产业主导技术形成中技术标准变化

（各要素均发生正向改变）

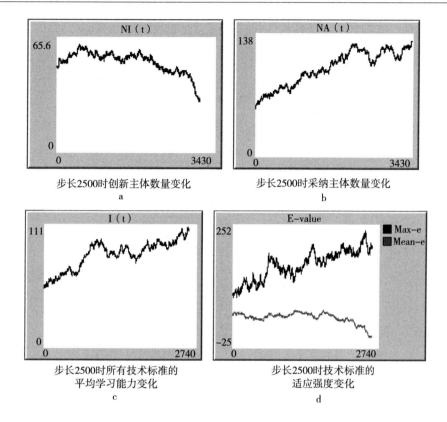

步长2500时创新主体数量变化
a

步长2500时采纳主体数量变化
b

步长2500时所有技术标准的
平均学习能力变化
c

步长2500时技术标准的
适应强度变化
d

图5-4　社会技术地景正向改变时各变量的变化曲线

化；图5-4d纵轴为适应强度变化，黑色曲线表示市场中最大适应强度的变化（记为"Max-e"），灰色曲线表示所有技术标准平均适应强度变化（记为"Mean-e"）。

本书将从技术标准的<CAE>三个维度入手分析图5-3中各个步长的技术标准变化情况，由前文5.2节中的模型设定可知：仿真界面横轴为技术标准的属性C维度，纵轴为技术标准的能力A维度，点的大小代表适应强度E的大小，故本书对技术标准所在的横轴坐标值（属性）、纵轴坐标值（能力）、面积大小（适应强度）分析技术标准与社会技术地景的交互。可以看出，从整体来看，与图 5-2 模型的初始仿真空间界面中技术标准聚集分布在中心位置相比，图 5-3 中技术标准主体的空间分布被扰乱，表明社会技术地景的变动引发了各技术标准关于属性和能力方面的调整。

进一步地分析，在给定正向改变的社会技术地景作用下，仿真步长为 100 时技术标准的空间位置（横纵坐标值）变动方向是随机的（见图 5-3a）。说明在社会技术地景发生正向变动的初期阶段，各项技术标准属性和能力变动的方向是随机的（上、下或者无变动），一部分技术标准对社会技术地景的刺激非常敏感，与社会技术地景改变方向一致（正向），向着属性值正向（横坐标右侧）和能力值为正向（纵坐标上方）进行调整，为图 5-3a 中向上方和向右侧移动的圆点，且这些圆点的面积较大，表明与社会技术地景同向的技术标准适应强度较大；一些技术标准同样对社会技术地景较为敏感，但未能准确对社会技术地景改变方向做出正确判断，使其属性值和能力值向负向进行改变，如图 5-3a 中向下方和向左侧移动的圆点，这些圆点面积较小，说明其适应强度较小；而另一部分的技术标准面对社会技术地景的刺激决定保持原有的属性和能力水平，如图 5-3a 中空间位置未发生改变的圆点。以上是在仿真步长为 100 的过程中技术标准对于社会技术地景变化做出的相关反应。

当仿真进行至 500 步时（见图 5-3b），在所有圆点中，面积最大的圆形位置偏上方，这是由于在主导技术形成过程中，该技术标准感知到社会技术地景变化"刺激"带来的机会与威胁，加上自我学习能力的增强，致使采取更积极、主动的"反应"活动，并借助技术标准与社会技术地景的非线性交互影响，在学习能力和适应强度对主导技术形成的促进作用下，继续保持当前选择方向。

由图 5-3c 可知，当仿真步长为 1000 时，技术标准集中分布于仿真视图的右方和上方，表明经过学习和调整，技术标准均做出了与社会技术地景改变方向一致的"反应"。该现象不仅揭示了技术标准决策主体存在追求更高适应强度的自发性需求和动机，也说明技术标准决策主体对社会技术地景的感知和预判能力以及具有方向性的适应性行动可以推动主导技术更为有序地形成，说明基于"刺激—反应"的主导技术形成并非完全随机。同时，圆点的面积大小不一，且差距较大，表明技术标准的适应强度差距较大，这是由于不同技术标准的学习能力存在差异，故在技术标准与社会技术地景的交互过程中，技术标准的适应强度可能被进一步提升，一些学习能力较强的技术标准能够经历多次的社会技术地景检验完成"适应性反应"的试错，进而提升其适应强度；而学习能力较弱的技术标准可能在"适应性反应"的筛选过程中迷失方向，导致其适应强度的降低，甚至在社会技术地景选择过程中被淘汰。对应地，适应强度差距的增大使技术标准转化为主导技术的过程产生明显的门槛效应，部分适应强度较高的技术标准的反应方向可能直接影响整个数字创意产业主导技术的形成方向。

由图 5-3d 可知，仿真界面呈现出凝聚在一起的一个整体的圆点，这说明在社会技术地景的"刺激"作用下，某一项技术标准通过学习和调整"反应"方式，实现了由优势技术标准向主导技术的转化，占据了整个数字创意产业的市场空间，此时，社会技术地景层面的数字创意产业主导技术已经确立。

5.5.3　社会技术地景负向变化时主导技术形成的仿真分析

前文述及，模型中社会技术地景的各个要素的改变值为正或改变值为负，分别代表社会技术地景发生正向改变或负向改变。而正向或负向的社会技术地景改变仅代表了某种刺激方向，仿真设定社会技术地景无论向何种方向改变，尽管其结果不同，但原理保持一致。

为了获得稳健性的仿真结果，本节设置市场环境、政策制度环境、科技环境、基础设施环境、社会人文环境等社会技术地景要素的变化值均为-1，表示社会技术地景各要素均发生负向改变，技术标准的空间位置、学习能力、创新主体数量、采纳主体数量以及适应强度变化如图 5-5 和图 5-6 所示。图 5-5 表示社会技术地景各要素负向变化时主导技术形成的仿真视图。图 5-6 表示社会技术地景各要素负向变化时各变量变化曲线，各曲线含义与图 5-4 中的曲线含义一致。

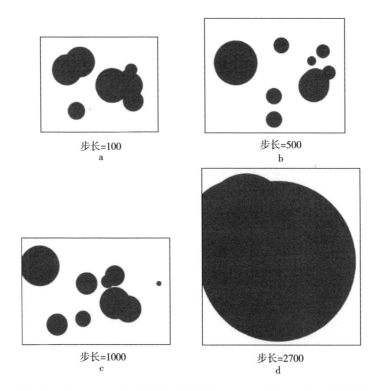

图 5-5　社会技术地景层面数字创意产业主导技术形成中技术标准变化

（各要素均发生负向改变）

由图 5-5 可知，与社会技术地景的负向改变一致，技术标准的空间位置总体上呈现向左侧或下方的变化；图 5-5d 与图 5-3d 一致，也出现了一个融合在一起的整体技术标准。同时，最大适应强度不断上升，且与平均适应度的

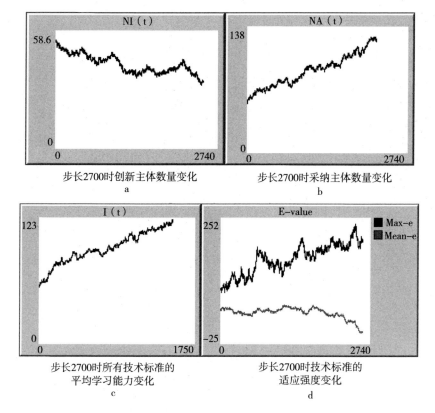

步长2700时创新主体数量变化
a

步长2700时采纳主体数量变化
b

步长2700时所有技术标准的
平均学习能力变化
c

步长2700时技术标准的
适应强度变化
d

图5-6 社会技术地景负向改变时各变量的变化曲线

差距持续扩大（见图5-6c）。此时，数字创意产业中的主导技术已经确立，此处不再赘述原因。同时，观察图5-6可知，学习能力曲线、创新主体数量曲线、采纳主体数量曲线以及适应强度曲线的变化趋势均与图5-4的结果保持一致，表明无论社会技术地景发生何种方向的变化，技术标准的学习能力、创新主体数量、采纳主体数量以及适应强度都对主导技术形成产生重要影响。

根据前文5.3节中提出的社会技术地景层面数字创意产业的主导技术形成机理，本书对上述仿真结果作进一步分析，具体如下：

（1）主导技术形成过程分析。

1）技术标准对社会技术地景的适应过程仿真分析。

由图5-3a至图5-3c和图5-5a至图5-5c仿真结果可以发现：随着仿真

的进行，几乎所有的技术标准都向右侧（左侧）或上方（下方）移动，表明经过社会技术地景对技术标准的不断选择、技术标准对社会技术地景的多轮反应，大部分技术标准都寻求到了正确的发展方向，充分体现了技术标准对社会技术地景的反应过程。具体适应性行动过程为：在第一次仿真即将结束时，技术标准决策主体获悉关于社会技术地景对技术标准选择作用的信息（表现为技术标准适应强度 E 的增大或减小）。技术标准决策主体通常可以觉察到自身适应强度的改变，因而会在适应强度增加时保持原有的技术标准发展方向，适应强度减少时改变原有的技术标准发展方向，适应强度无变化的技术标准决策主体意识到技术标准发展方向应适应社会技术地景变化的重要性，也开始做出适当的调节。此为仿真中技术标准对社会技术地景的记忆过程。当仿真进入第 1000 个步长时，技术标准调整方向都已经变为"上（或下）"。这种有强选择方向的技术标准发展活动和技术标准对社会技术地景的记忆过程共同形成了技术标准对社会技术地景的反应动态，表明技术标准对社会技术地景的反应在主导技术形成过程中具有重要影响。

2）社会技术地景对技术标准的选择过程仿真分析。

由图 5-3a 至图 5-3c 和图 5-5a 至图 5-5c 的仿真结果可以发现：越靠近右侧（左侧）和上方（下方）的技术标准圆点越大。如前文所述，技术标准的面积大小表示其适应强度和市场份额的高低，这表明作出与社会技术地景改变方向一致的技术标准的适应强度越高。也就是说，技术标准决策主体可以通过社会技术地景的选择结果判别其上一轮的反应是否符合社会技术地景改变的要求。其原因在于：模型中的社会技术地景被设定为朝着正向（或负向）改变，表明它只能够接受技术标准正向（或负向）改变的反应，由此引发不同技术标准适应强度的分化。上述仿真结果充分揭示了社会技术地景对技术标准的选择在主导技术形成过程中的关键作用。

3）主导技术的形成与确立的仿真分析。

由图 5-3d 和图 5-5d 可以发现，仿真空间呈现出一个整体的圆点，代表数字创意产业中出现了某一项技术标准全面占领市场的局面，意味着该项技术标准处于完全主导地位。同时，由图 5-4d 和图 5-6d 可知，社会技术地景层面的最大技术标准的适应强度不断上升，而所有的技术标准的平均适应强度显著下降，两者之间的差距不断扩大，表明该项技术标准的适应强度优势保持稳定且呈现出持续扩大的趋势。根据数字创意产业主导技术的定义和特征，本书推断，在上述仿真情况下，数字创意产业主导技术已经形成。换言之，某一项技术标准经过社会技术地景的选择作用，并适时做出正确的适应性行为，最终被确立为整个数字创意产业的主导技术。

（2）变量变化分析。

1）创新主体数量。

由图 5-4a 和图 5-6a 可以发现，创新主体数量虽有小幅上涨，但总体上仍呈现波动式下降趋势，这是由于本书仿真只针对数字创意产业社会技术地景层面当前优势技术标准进行研究，关于技术标准壁垒不纳入本书研究之中，因此在社会技术地景的选择下，技术标准的创新主体数量会减少，此现象也与达尔文的"优胜劣汰"观点保持一致。

2）采纳主体数量。

由图 5-4b 和图 5-6b 可以发现，总体来看，技术标准的采纳主体数量曲线呈阶梯式上升趋势，即：前期上升，中期小幅波动，后期持续上升。这是由于在主导技术形成过程的前期和中期，社会技术地景对主导技术的选择方向尚不明确，采纳主体只能根据以往经验进行不断调整和尝试，并做出反应，故采纳主体数量呈现有升有降的状态；随着仿真的持续，技术标准的学习能力和适应强度随之提升，采纳主体数量在互补机制的作用下持续增加。

3）技术标准的学习能力。

由图 5-4c 和图 5-6c 可以发现，在主导技术形成的过程中，所有技术标准的平均学习能力始终处于上升状态，说明在与社会技术地景"适应—选择"的交互过程中，技术标准的学习能力得到显著提升，且不会受到社会技术地景变化不确定性等因素的过多影响或干扰。原因可能是：技术标准通过与社会技术地景进行交互，接收了外部知识或技术等相关信息，并对其进行处理、吸收和转化，进而不断提升了学习能力。

4）适应强度。

由图 5-4d 和图 5-6d 可以发现，在主导技术形成过程中，几乎所有的技术标准都寻求到了正确的反应方向。但社会技术地景中不同技术标准的适应强度并不相同：适应度强高的技术标准能够在多次随机的调整与试错找到正确的反应方向，赢得更高的适应度；适应强度较低的技术标准很可能在及时发现与社会技术地景改变方向一致的方向前，就已经被社会技术地景淘汰，但作壁上观的反应会加速其被市场淘汰，此现象充分印证了达尔文主义中"优胜劣汰"的观点，上述结果与裘希的研究结论保持一致[106]。

综合 5.5.2 节和 5.5.3 节的仿真结果可知，在社会技术地景层面，较高的学习能力、创新主体数量、采纳主体数量和适应强度能够通过影响技术标准对社会技术地景的反应行为、社会技术地景对技术标准的选择来推动数字创意产业主导技术的形成。

5.6 本章小结

本章构建了社会技术地景层面数字创意产业主导技术形成的"刺激—反

应"模型,剖析了社会技术地景层面数字创意产业主导技术的形成机理,并进行了动态仿真。具体来说:首先,针对复杂适应系统理论进行了系统的梳理,并详细介绍了"刺激—反应"模型的基本框架;其次,结合数字创意产业和主导技术的特征,借助"刺激—反应"的分析框架,构建了社会技术地景层面数字创意产业主导技术形成的"刺激—反应"模型;再次,对社会技术地景层面主导技术的形成机理进行了阐述,并指出学习能力、创新主体数量、采纳主体数量和适应强度能够影响主导技术的形成;最后,在主导技术形成机理分析的基础上,运用 NetLogo 仿真软件对社会技术地景层面的数字创意产业主导技术形成进行了仿真设计和分析,验证了社会技术地景和技术标准之间的"反应—选择"的动态交互过程,并剖析了在这一动态交互过程中数字创意产业主导技术的形成规律。

第6章 MLP 分析框架下数字创意产业主导技术形成的促进对策研究

考虑到数字创意产业主导技术形成具有层次多、参与主体多、过程复杂多样等特点，促进主导技术形成的相关对策需要考虑的因素较多，因此，本章基于生态位、技术域、社会技术地景三个不同层次的数字创意产业主导技术形成的规律和特点，梳理促进数字创意产业主导技术形成的总体思路，分别以企业、行业管理者和政府为立足点，提出促进数字创意产业主导技术形成的对策建议。

6.1 基于 MLP 促进数字创意产业主导技术形成对策的设计思路

由于数字创意产业主导技术形成是生态位层面、技术域层面和社会技术地景层面综合作用的结果，企业、行业管理者和地方政府在制定促进主导技术形成的相关对策时，应结合数字创意产业特征，自下而上地分析不同层面主导技术形成机理和规律，从而提出科学、合理的具体对策和建议。本章根据前文研究结论，从生态位、技术域和社会技术地景三个层面入手设计促进数字创意产业主导技术形成对策的总体思路。

首先，前文已述，新技术研发和商业化是生态位层面主导技术优势种形成的关键环节。基于此，本书对生态位层面的数字创意产业主导技术形成展开研究。研究发现，R&D 投入为技术研发活动提供了坚实的物质保障；决策成本是微观层面影响新技术实现低成本竞争优势的重要因素；用户采纳偏好具有一种特殊的黏性，可以引发某一类型用户对某一种新技术的偏好；采纳收益既是刺激用户采纳的"钥匙"，也是推动数字创意产业技术研发、商业化乃至数字创意产业主导技术形成的关键驱动因素。因此，在微观生态位层面，企业应提充分考虑上述影响因素，合理控制决策成本和 R&D 投入，增强用户需求感知能力，捕获用户采纳偏好相关信息，提高用户对新技术的接纳程度和采纳意愿，实现采纳收益的提升。鉴于此，在生态位层面多种因素的共同影响下，企业应该加大新技术 R&D 投入、合理控制决策成本，以用户采纳偏好为导向研发新技术、提升采纳收益，从而促进数字创意产业主导技术的形成。

其次，本书对技术域层面的数字创意产业优势技术标准形成展开研究，发现技术标准之间的竞争关系对技术标准的大范围推广乃至占据绝对优势地位起着重要作用。竞争系数是影响新新技术标准竞争、新旧技术标准竞争关系下优势技术标准形成的关键因素。初始用户规模可以为技术标准竞争带来"先机优势"。因此，在中观技术域层面，构筑友善的竞争关系、引导企业实现初始用户规模优势，打造市场优势技术标准是促进数字创意产业主导技术形成的重要手段。

最后，社会技术地景在主导技术形成过程中扮演着关键角色，不稳定的社会技术地景使数字创意产业主导技术难以与其相适应，因此，数字创意产业主导技术形成的关键在于政府能否构建适合数字创意产业主导技术形成的市场环境、社会人文环境、政策制度环境、科技环境、基础设施环境，从而打造有利于主导技术形成与可持续发展的社会技术地景。同时，学习能力、创新主体数量、采纳主体数量和适应强度是影响优势技术标准对社会技术地景的适应、社会技术地景对优势技术标准的选择的重要因素。鉴于此，本书认为，营造优良的社会人文环境提升学习能力、建设规范的政策制度环境促进感知和反应能力快速提升、架构完备的科技环境和基础设施环境不断壮大创新主体队伍、建立公平的市场环境、增加采纳主体数量，通过这些改变进而使主导技术与社会技术地景的"适应—选择"成为促进数字创意产业主导技术形成的最为直接、有效的途径。

综上所述，促进数字创意产业主导技术形成的对策应分别从微观生态位层面、中观技术域层面、宏观社会技术地景层面三个层面提出，遵循主导技术形成的客观规律，由微观层面的企业、中观层面的行业管理者及宏观层面的地方政府互相配合与合作共同完成促进数字创意产业形成对策的制定，根据数字创意产业主导技术形成的整体时空模型仿真的相关结论，本书设计并厘清了促进数字创意产业主导技术形成对策的总体思路，如图 6-1 所示。

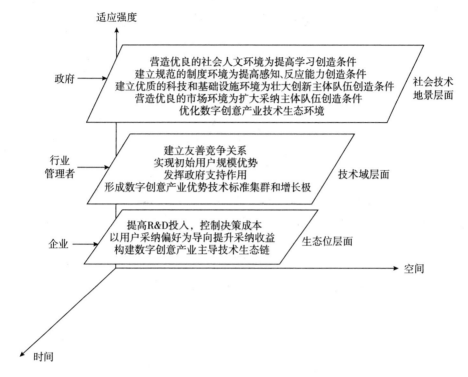

图 6-1   数字创意产业主导技术形成的促进对策框架

6.2   MLP 分析框架下促进数字创意产业主导技术形成的具体对策

6.2.1   生态位层面促进数字创意产业主导技术形成的对策

6.2.1.1   生态位重叠条件下加大新技术 R&D 投入

R&D 投入是新技术顺利研发的保障，是影响主导技术优势种的核心要素，且 R&D 投入包括研发资金投入和研发人员投入。在生态位重叠条件下，企业应加大新技术 R&D 投入，促进数字创意产业主导技术优势种的形成。

鉴于此，企业应依托自身优势，从研发资金投入和研发人员投入两方面入手，有针对性地加大新技术 R&D 投入。一方面，为了加大研发资金投入，企业应积极建立高端前沿技术的专项研发基金，扩大对先进技术研发的相关设备的投入，以确保企业新技术自主研发的物资需要。对于一般企业而言，应将增加对国内先进技术研发相关设备的投入作为战略发展的优先着力点，从而实现满足本国技术市场的需要，同时逐步引进国际先进技术研发设备，为企业在未来研发主导技术并实现技术垄断做好适当的准备。对于已经拥有较高技术研发能力，谋求在国内高端技术市场甚至国际技术市场能发展企业，应该充分发挥带头作用，率先加大对国际先进研发新技术设备的投入，实现 R&D 投入的结构优化。同时，对研发资金的去向进行合理规划和配置，实现资金利用的分配均衡与合理，以实现最大的 R&D 投入利用效率。另一方面，关于研发人员投入，企业在注重提高 R&D 人员投入数量的同时需关注提升其质量。具体来说，企业应积极与科研机构、高校合作，吸纳高素质的青年 R&D 人才，提高 R&D 人员投入的数量。同时，企业可以通过员工培训注入新知识，增加人力资源交流，提高员工技能，增加工程师等高技能 R&D 人员的占比，并对其进行合理分工，避免 R&D 人员投入的浪费，从而构建专业的 R&D 人才队伍来提升研发人员投入的整体质量水平。总之，加大 R&D 资金投入和 R&D 人员投入，是企业顺利研发新技术并不断满足市场需求的迫切需要，也是实现数字创意产业主导技术形成的必然要求。

6.2.1.2　生态位重叠条件下合理控制决策成本

根据本书对生态位重叠条件下数字创意产业主导技术形成的研究结果，在生态位重叠条件下，推动主导技术优势种形成的关键举措之一在于合理控制决策成本。具体来说，企业迫切需要将合理控制决策成本摆在突出位置，应该提高决策管理水平，健全企业决策机制，完善相关决策过程监督政策的建设，实现决策者个人行为与企业目标的高度一致性，增强决策者控制决策成本的意识，可以通过有利于分权的扁平式组织模式降低决策成本，提升决策效率，充分高效地进行主导技术形成的一系列决策活动。同时，企业可以根据不同的新技术研发和商业化项目选用不同的人才作为领导，目的是最大限度地发挥不同人才的知识优势异质性和互补性，加速与决策相关的技术和知识的识别、获取、共享和消化，提高创新效率，推动新技术向"主导技术优势种"的成功转变，进而促进数字创意产业主导技术形成。

6.2.1.3　生态位重叠条件下以用户采纳偏好为导向研发新技术

在生态位重叠条件下，企业应完善以用户采纳偏好为导向的新技术研发和商业化模式，致力于促进主导技术的形成。首先，企业需要认清并把握数字创意产业主导技术形成的格局变化及发展态势，集中精力收集市场中用户需求的相关信息，准确识别出符合用户采纳偏好的技术结构。其次，基于主导技术形成的发展态势，企业应根据用户采纳偏好进行新技术评估与决策，对某一技术领域和范式进行适当的人力、物力和财力方面的倾向，并有选择性地倾向于确定该技术领域的某一种或多种新技术。最后，企业应该根据用户偏好制定合理的新技术研发、商业化等一系列规划，最大限度地保障新技术能够快速被用户接受并使用，推动新技术向"主导技术优势种"的成功转变，进而促进数字创意产业主导技术形成。智能手机系统市场长期由 Android 系统和 iOS 系统共同主导的现状可以解释用户采纳偏好对于主导技术形成的重要性。Android 系统是基于 Java 语言的开源手机操作系统，拥有多个版本面向各阶层消费群体的采纳偏好，赢得了广大的市场份额和系统核心技术的控制权，但 iOS 系统仍然能够在智能手机系统市场中占据一席之地，其原因可能是，配备苹果公司 iOS 系统的终端（iPhone）价位较高且版本单一，但却满足了大批高收入和年轻群体的采纳偏好，受到大批"果粉"的追捧，拥有不可忽视的用户规模。

6.2.1.4 生态位重叠条件下提升采纳收益

对于我国而言，数字创意产业新技术的采纳收益不确定程度较高，而采纳收益是影响用户是否广泛采纳新技术的重要因素。因此，在生态位重叠条件下，企业应提升采纳收益，促进数字创意产业主导技术优势种的形成。具体而言，一方面，企业应做好各种成长资源在不同新技术之间的分配和协调，避免盲目资源投入，实现资源的按需投入和优化配置，同时对新技术潜在的风险进行感知，避免当前高技术"高投入、低收益"的问题出现；另一方面，企业应该通过各种途径加强用户对新技术采纳收益的认知，并采取多种措施增强用户采纳新技术的信心，以促进用户对新技术的认可与采用。例如，企业可以加大对新技术的普及力度和宣传力度，充分运用先进的信息技术，提升数据库营销成熟度，提高用户对新技术的感知程度和接受程度，从而增加用户采纳数量和采纳收益，进而促进新技术向"主导技术优势种"的成功转变，由此加快数字创意产业主导技术的形成进程。

6.2.1.5 构建数字创意产业主导技术生态链

构建数字创意产业主导技术生态链。一方面，构建专业化、网络化、社会化和国际化的世界级数字创意产业主导技术体系。高度集聚数字创意产业技术相关要素，形成具有特色和核心竞争力的数字创意产业技术生态群落。积极拓展数字创意产业的现实和虚拟空间优势，发挥人才、区位、市场、融资优势、创建具有高端价值的数字创意产业技术生态链。营造具有吸引力和黏性的数字创意社会氛围，牢固数字创意产业技术生态链。另一方面，打造特色亮点融合性文化技术，形成功能复合叠加共振效应，将文化创意与数字技术有机集合，实现文化、经济、科技、数字的融合联动，推动数字创意产业主导技术体系形成和完善。

6.2.2 技术域层面促进数字创意产业主导技术形成的对策

6.2.2.1 构筑友善的竞争关系

在竞争关系下，竞争系数是影响优势技术标准确立的关键因素，企业应构筑友善的竞争关系来推动促进数字创意产业主导技术的形成。具体而言，过高的技术标准竞争系数不利于加快技术域层面技术标准整体适应强度提升的进程。基于此，行业管理者应始终以健康、稳定发展技术标准为基本准则，可考虑从市场变化趋势和技术标准发展态势出发，提升企业竞争战略多样性，辅助行业内的企业选择适合自身阶段性发展的标准竞争战略，倡导企业积极有序地参与"技术标准战"，从而达到优化整个行业的竞争系数的目的。同时，行业管理者可考虑建立有效的技术标准激励和竞赛机制，通过技术标准之间的适度竞争促进行业内不同企业间的相互学习和技术交流。此外，面对国外资本的大量输入，行业管理者应该积极引导行业内的技术标准决策主体强化行业整体发展大于局部个人发展的观念和意识，以组建行业协会等方式合理降低竞争系数，推动企业提高自身的竞争强度，营造适宜优势技术标准确立的行业环境，从而加快整个数字创意产业主导技术形成的步伐。

6.2.2.2 竞争关系下引导企业实现初始用户规模优势

在技术域层面竞争关系下，行业管理者应督促企业实现初始用户规模优势，加快数字创意产业主导技术形成的进程。根据前文的研究结果可知，由于网络效应的作用，初始用户规模在数字创意产业优势技术标准过程中具有自我强化机制，基于此，一方面，行业管理者应当充分利用这点并认识到技术标准初始用户规模在实现主导技术形成过程中的重要作用，督促行业内的企业加快技术标准研发的节奏，并充分运用本土市场资源快速学习，争取将新技术标准尽快投入市场，形成初始用户规模优势；另一方面，行业管理者应积极动员和支持企业、高校、科研院所等技术标准决策相关主体，为其技术标准投入市场提供便利，并为行业内技术标准决策主体沟通交流开展联合服务、活动或其他项目，促使技术标准相关主体抢占优势技术标准形成的先机，从而推动整个数字创意产业主导技术形成的进程。

6.2.2.3 竞争关系下充分发挥政府支持作用

在数字创意产业主导技术标准形成过程中，政府的"第一推动"作用需要与市场竞争因素相配合并实现动态调整。一方面，政府的"第一推动"作用十分关键，充分发挥政府支持作用，有利于加速数字创意产业主导技术标准的形成进程，在新技术标准替代旧技术标准的情况下，政府支持可以弥补新技术标准初始用户规模较低的劣势，促使新技术标准快速成长并发展为主导技术标准；另一方面，政府应关注市场因素（竞争系数），特别是竞争系数对数字创意产业主导技术标准形成结果的决定性作用。一旦技术标准已经凭借竞争建立起主导地位，政府就应该适时地退出"技术标准竞争舞台"，以免造成为失败者"买单"的局面。

6.2.2.4 形成数字创意产业优势技术标准集群和增长极

推动数字创意产业形成有层次和特征的优势技术标准集群增长极。构建数字创意产业技术标准集群，强化技术标准集聚度，拓展数字创意产业技术标准的宽度和广度，打造创意与科技的链接，形成具有全球辨识度的数字创意产业优势技术标准集群和增长极，从而加快数字创意产业优势技术标准形成。

6.2.3 社会技术地景层面促进数字创意产业主导技术形成的对策

6.2.3.1 营造优良的社会人文环境为提高学习能力创造条件

在社会技术地景层面的数字创意产业主导技术形成过程中，学习能力发挥着至关重要的作用，尤其是创新驱动发展的大背景下，中国数字创意产业面临着难以在国际上形成主导技术的难题和挑战，由于模仿和引进主导技术的空间逐渐缩小，发达国家对于数字创意产业的主导技术的垄断性和限制变强，因此，政府应该营造优良的社会人文环境为企业提高技术标准学习能力创造条件。基于此，政府应该引导数字创意产业注重特长人才的培养，创造良好的学习和创新文化，增加新技术应用的企业试验点，对产学研合作项目进行财政补贴和政策支持，实现数字创意产业内部的研发资源共享、快速传递信息和知识，激发整个数字创意产业的学习热情，多层次多角度地推动技术标准学习能力的提升，从而有利于数字创意产业主导技术的形成。世界500强高技术企业和中国的知名高技术企业均是典型的成功案例。他们凭借较强的技术学习能力，形成了引领行业发展的核心技术或关键技术，甚至已经成功确立了整个行业的主导技术。

6.2.3.2　建立规范的政策制度环境为提高感知和反应能力创造条件

建立规范的制度环境可以提高技术决策主体感知社会技术地景变化和提高反应能力。基于此，政府应建立合理、规范的法律体系和规章制度，为实现企业提升感知能力与反应能力创造必要条件，从而达到以制度促进企业感知和反应能力提升的目标，最终有利于降低技术标准被社会技术地景淘汰的风险，提高技术标准的适应强度，加快数字创意产业主导技术的形成。

6.2.3.3　建立优质的科技环境和基础设施环境为壮大创新主体队伍创造条件

建立优质的技术环境为壮大数字创意产业的创新主体队伍创造条件，对数字创意产业主导技术形成具有明显的促进作用，因此，政府应注重技术配套设施环境建设，强调数字创意产业自主创新的基础设施环境的建设，不仅包括对区域常规性基础设施如公路、铁路、电话和互联网的铺设，还包括扶持发展的数字创意产业相关设施的普及，形成积极的外部效应。同时，政府可以通过财政补贴和资助等方式加大对新技术标准的技术补贴，并为其提供专项信贷支持，为企业走自主创新之路提供条件，加强创新体系建设，从仅仅是出台满足创新需求的政策角度，向更为精巧复杂的、主动支持创新发展的政策角度转变，最终实现整个数字创意产业的创新主体数量的增加，加快数字创意产业主导技术的形成。

6.2.3.4 营造优良的市场环境为扩大采纳主体队伍创造条件

营造优良的市场环境可以推动增加采纳主体数量，推动数字创意产业主导技术的形成。一方面，政府应该安排对采纳主体激励的制度，实现市场资源对采纳主体的拉力功能，加速潜在采纳主体向实际采纳主体的转化；另一方面，政府可以安排保护创新成果、激励创新和维护公平市场竞争秩序等环境方面的制度，以促进技术创新与市场需求的有机融合，更好地满足采纳主体的需求。政府还需要对采纳主体选择新技术给予一定的技术补贴，增强采纳主体选择新技术的意愿，从而增加采纳主体数量，实现促进数字创意产业主导技术形成。

6.2.3.5 优化数字创意产业技术生态环境，厚植技术创新资本

设计和营造适宜数字创意产业主导技术形成的良好生态环境。首先，围绕数字创意产业主导技术核心要素，营造优质技术创新氛围，激发主导技术创新发展动力。其次，培育技术创新转化和技术创新投入的环境，拓展更广泛领域的技术创新，吸引各行各业进行"文化创意+数字技术"进行广范围内价值共创，通过高质量的生态培育，形成技术创新要素循环增值的新业态，有利于数字创新产业主导技术生态种群、群落的成长迭代。最后，在包容的主导技术创新生态环境中，以主导技术集群、主导技术创新主体和技术创新社群等要素，形成开放包容多元化主导技术创新生态群落，推动整个数字创

意产业主导技术形成和发展。

6.3　本章小结

　　本章基于第 3 章至第 5 章的形成机理和仿真结论，基于生态位、技术域及社会技术地景三个层面，建立了推动数字创意产业主导技术形成发展的总体思路，并针对各个层面提出了促进数字创意产业主导技术形成的具体对策：在生态位层面，企业应加大新技术 R&D 投入，合理控制决策成本，以用户采纳偏好为导向研发新技术，提升采纳收益，构建数字创意产业主导技术生态链；在技术域层面，行业管理者应构筑友善的竞争关系，引导企业实现初始用户规模优势，竞争关系下充分发挥政府支持作用，形成数字创意产业优势技术标准集群和增长极；在社会技术地景层面，政府要营造优良的社会人文环境全方面、全方位地为提高学习能力创造条件，建立规范的政策制度环境为综合提高感知和反应能力创造条件，建立优质的科技环境和基础设施环境壮大为创新主体队伍创造条件，架构优良的市场环境为扩大采纳主体数量创造条件，优化数字创意产业技术生态环境，厚植技术创新资本，由此促进数字创意产业主导技术的形成与发展。

第 7 章　结论

本书基于 MLP 分析框架，分别从生态位层面、技术域层面和社会技术地景层面剖析了数字创意产业主导技术的形成机理，并提出了促进数字创意产业主导技术形成的相关对策。本书的主要研究结论如下：

第一，从生态位层面出发，本书基于 Arthur 模型研究了生态位重叠条件下数字创意产业主导技术的形成机理，并进行了仿真分析。研究发现，在生态位重叠关系下，新技术能否被用户广泛采纳主要受决策成本、R&D 投入、用户采纳偏好和采纳收益四个因素的共同影响，进而影响主导技术优势种的形成。

第二，从技术域层面出发，本书基于 Logistic 增长模型研究了动态竞争关系下数字创意产业主导技术的形成机理，并进行了仿真分析。研究发现，在数字创意产业新新技术标准竞争、新旧技术标准竞争条件下，竞争系数和初始用户规模是影响数字创意产业优势技术标准形成的重要因素，进而影响技术域层面整个数字创意产业主导技术的形成。

第三，从社会技术地景层面出发，本书基于刺激反应模型研究了数字创意产业主导技术的形成机理，并进行了仿真分析。研究发现，学习能力、创新主体数量、采纳主体数量以及适应强度是影响主导技术形成的重要因素，它们能够对社会技术地景对优势技术标准的选择、优势技术标准对社会技术地景的反应产生影响，进而促进社会技术地景层面数字创意产业主导技术的形成。

第四，基于 MLP 分析框架提出了促进数字创意产业主导技术形成的具体对策建议。本书基于分析结果和研究结论，分别以生态位、技术域和社会技术地景为视角，从企业、行业管理者与政府三个方面提出了促进数字创意产业主导技术形成的具体对策与建议。

本书研究在一定程度上为我国数字创意产业主导技术形成与发展提供了理论依据，然而，本书的部分内容仍然存在值得进一步研究与探索的空间。在未来的研究中，一方面将继续结合 MLP 分析框架对数字创意产业主导技术形成机理进行深层次的分析，并努力寻找实际案例和统计数据分别对生态位层面、技术域层面、社会技术地景层面主导技术形成机理以及整体性形成机理加以验证；另一方面将尝试扩大主导技术形成理论模型的应用范围，尝试将其应用到数字创意产业之外的其他产业和领域，以进一步验证本书模型的适用性。

参考文献

［1］解学芳，李琳．全球数字创意产业集聚的城市图谱与中国创新路径研究［J］．同济大学学报（社会科学版），2020，31（05）：36-51.

［2］戴海闻，曾德明，张运生．关系资本、双元创新与高技术产业主导设计［J］．科研管理，2020，41（02）：220-229.

［3］吴定玉，张治觉．主导设计：市场进入壁垒理论新范式［J］．华东经济管理，2006（04）：126-129.

［4］Suarez F F. Battles for Technological Dominance：An Integrative Framework［J］．Research Policy，2004，33（02）：271-286.

［5］邓龙安．企业技术联盟与主导设计技术的形成［J］．科技进步与对策，2007（08）：89-92.

［6］Abernathy W J，Utterback J. Patterns of Industrial Innovation［J］．Technology Review，1978，80（07）：40-47.

［7］李冬梅，宋志红．网络模式、标准联盟与主导设计的产生［J］．科学学研究，2017，35（03）：428-437.

［8］Chesbrough H. Arrested Developmen：The Experience of European Hard

Disk Drive Firms in Comparison with US and Japanese Firms [J]. Evolutionary Economics, 1999 (09): 287-329.

[9] Srinivasan R, Lilien G L, Rangaswamy A. The Emergence of Dominant Designs [J]. Journal of Marketing, 2006 (70): 1-17.

[10] 夏保华. 行业主导设计标准及其捕捉 [J]. 科技进步与对策, 2005 (10): 105-107.

[11] 陈圻, 陈国栋. 三维驱动力网络创新路径及其组合研究 [J]. 科学学研究, 2014, 32 (01): 122-129.

[12] Hannah, Freeman. The Population Ecology of Organization [J]. American Journal of Sociology, 1977 (83): 929-984.

[13] Adomavicius G, Bockstedt J C, Gupta A, Kauffman R J. Technology Roles and Paths of Influence in An Ecosystem Model of Technology Evolution [J]. Information Technology and Management, 2007, 8 (02): 185-202.

[14] Geels F W. Technological Transitions as Evolutionary Reconfiguration Processes: A Multi-level Perspective and A Case Study [J]. Research Policy, 2002, 31 (08-09): 1257-1274.

[15] Ma X, Li S, Dai W. Modeling and Simulating of Ecological Community in Digital Creative Industry; Proceedings of the 3rd International Symposium on Intelligent Information Technology and Security Informatics [C]. Jinggangshan, Peoples R China, F 2010 Apr 02-04, 2010.

[16] Khlystova O, Kalyuzhnova Y, Belitski M. The Impact of the COVID-19 Pandemic on the Creative Industries: A Literature Review and Future Research Agenda [J]. Journal of Business Research, 2022 (139): 1192-1210.

[17] 龚伟林, 徐媛媛, 刘应海. 基于 SWOT 对重庆市数字创意产业的分

析［J］. 重庆邮电大学学报（社会科学版），2010，22（06）：52-56.

［18］王博，张刚. 中国数字创意产业发展研究——基于产业链视角［J］. 中国物价，2018（03）：25-27.

［19］王红梅，李代民，孙莹. 我国数字创意产业发展的制约因素分析——基于钻石模型视角［J］. 福建论坛（人文社会科学版），2010（04）：100-103.

［20］Xie X F, Xie X M, Martinez-Climent C. Identifying the Factors Determining the Entrepreneurial Ecosystem of Internet Cultural Industries in Emerging Economies［J］. International Entrepreneurship and Management Journal, 2019, 15（02）：503-522.

［21］臧志彭. 数字创意产业全球价值链重构——战略地位与中国路径［J］. 科学学研究，2018，36（05）：825-30.

［22］陈刚，宋玉玉. 数字创意产业发展研究［J］. 贵州社会科学，2019（02）：82-88.

［23］Potts J, Cunningham S, Hartley J, et al. Social Network Markets：A New Definition of the Creative Industries［J］. Journal of Cultural Economics, 2008, 32（03）：167-185.

［24］Horng S C, Chang A H, Chen K Y. The Business Model and Value Chain of Cultural and Creative Industry.［J］. Developments in Marketing Science：Proceedings of the Academy of Marketing Science, 2015（02）：198-203.

［25］夏光富，刘应海. 数字创意产业的特征分析［J］. 当代传播，2010（03）：70-71+75.

［26］陈利，陈睿. 数字创意产业财政金融体制创新研究［J］. 当代经济，2019（10）：32-34.

［27］Zhang X, Sun C X, Mei L. Agglomerative Patterns and Cooperative Networks of the Online Video Industry in China ［J］. Regional Studies, 2021, 55 (08): 1429-1441.

［28］张伟, 吴晶琦. 数字文化产业新业态及发展趋势 ［J］. 深圳大学学报（人文社会科学版）, 2022, 39 (01): 60-68.

［29］孙守迁, 闵歆, 汤永川. 数字创意产业发展现状与前景 ［J］. 包装工程, 2019, 40 (12): 65-74.

［30］黄江杰, 汤永川, 孙守迁. 我国数字创意产业发展现状及创新方向 ［J］. 中国工程科学, 2020, 22 (02): 55-62.

［31］Leadbeater. Britain's Creativity Challenge, Creative and Cultural Skills ［R］. London Centre for Arts and Cultural Enterprise. Transcript of Panel Discussion Paper, 2004.

［32］李凤亮, 赵雪彤. 数字创意产业与国家文化软实力提升路径研究 ［J］. 广西民族大学学报（哲学社会科学版）, 2017, 39 (06): 2-7.

［33］Yusuf S, Nabeshima K. Japan's Changing Industrial Landscape ［R］. Policy Research Working Paper, 2005.

［34］Mangematin V, Sapsed J, Schuessler E. Disassembly and Reassembly: An Introduction to the Special Issue on Digital Technology and Creative Industries ［J］. Technological Forecasting and Social Change, 2014 (83): 1-9.

［35］Parc J, Kim S D. The Digital Transformation of the Korean Music Industry and the Global Emergence of K-Pop ［J］. Sustainability, 2020, 12 (18): 298-305.

［36］陈能军, 史占中. 5G 时代的数字创意产业：全球价值链重构和中国路径 ［J］. 河海大学学报（哲学社会科学版）, 2020, 22 (04): 43-52+107.

［37］金元浦．全球竞争下 5G 技术与中国文化创意产业的融合新变
［J］．山东大学学报（哲学社会科学版），2020（05）：74-85.

［38］Ernkvist M，Strom P．Differentiation in Digital Creative Industry Cluster Dynamics：The Growth and Decline of the Japanese Video Game Software Industry［J］．Geografiska Annaler Series B-Human Geography，2018，100（03）：263-286.

［39］Patrickson B．What Do Blockchain Technologies Imply for Digital Creative Industries？［J］．Creativity and Innovation Management，2021，30（03）：585-595.

［40］江瑶，胡斌，陈旭．如何提升数字创意企业创新投入？——基于资源利用视角［J］．企业经济，2020，39（10）：121-129.

［41］张凯，汤洁文，张佳琪．数字创意产业创新价值链驱动机制研究［J］．科技创业月刊，2021，34（02）：31-35.

［42］奉公．21 世纪初期的农业主导技术［J］．科技导报，1999（01）：20-22.

［43］曾福生，熊玉娟．论集约型农业的主导技术［J］．农业经济问题，2000（10）：29-33.

［44］邓旭霞，刘纯阳．论循环农业的主导技术及其发展对策［J］．农机化研究，2014，36（09）：1-5.

［45］张凤武．煤炭企业相关技术与主导技术配置研究［J］．中国矿业，2010，19（06）：41-43.

［46］陆建中．新时期我国农业和农业科技的发展方向与重大命题分析［J］．中国农业科技导报，2014，16（06）：1-6.

［47］Tushman M L，Anderson P．Technological Discontinuities and Dominant

Designs［J］. Administrative Science Quarterly, 1990（35）: 604-633.

［48］苏涛永, 曹峰. 主导技术竞争下的磁浮交通技术市场选择研究［J］. 科技管理研究, 2017, 37（04）: 129-134.

［49］Fernández E, Valle S. Battle for Dominant Design: A Decision-making Model［J］. European Research on Management & Business Economics, 2019（25）: 72-78.

［50］罗卫国. 浅谈主导技术［J］. 科研管理, 1987（03）: 15-9+7.

［51］刘志阳. 战略性新兴产业主导设计形成机理与竞争策略研究［J］. 经济社会体制比较, 2010（05）: 165-172.

［52］李龙一, 张炎生. 基于主导设计的技术标准形成研究［J］. 科学学与科学技术管理, 2009, 30（06）: 37-42.

［53］Kim J, Yoon J, Lee J D. Dominant Design and Evolution of Technological Trajectories: The Case of Tank Technology, 1915-1998［J］. Journal of Evolutionary Economics, 2020（02）: 124-130.

［54］李艳红, 陈收. 基于主导设计演进的 ICT 企业竞争力研究［J］. 金融经济, 2007（14）: 60-61.

［55］谭劲松, 薛红志. 主导设计形成机理及其战略驱动因素研究［J］. 中国软科学, 2007（07）: 41-53.

［56］荣帅, 李庆满, 李乃文. 集群企业间知识溢出、研发竞争与集群主导设计形成的关系［J］. 技术经济, 2017, 36（08）: 24-30.

［57］缪小明, 赵晖. 主导设计演进过程中的政府作用: 以我国电信产业为例［J］. 情报杂志, 2008（11）: 155-158.

［58］李冬梅, 刘维奇, 宋志红. 可占有性战略、技术柔性与主导设计形成: 比较案例研究［J］. 科技进步与对策, 2019, 36（11）: 1-8.

[59] Dai H, Zeng D, Qualls J W, Li J. Do Social Ties Matter for the Emergence of Dominant Design? The Moderating Roles of Technological Turbulence and IRP Enforcement [J] . Journal of Engineering and Technology Management, 2018 (47): 96-109.

[60] Brem A, Nylund P, Viardot E. The Impact of the 2008 Financial Crisis on Innovation: A Dominant Design Perspective [J] . Journal of Business Research, 2020 (110): 360-369.

[61] Cusumano M, Gawer A. The Elements of Platform Leadership [J] . MIT Sloan Management Review, 2002, 43 (03): 51.

[62] Funk J L. Standard, Dominant Designs and Preferential Acquisition of Complementary Assets through Slight Information Advantages [J] . Research Policy, 2003 (32): 1325-1341.

[63] Simon F, Tellier A. How Coopetition Influences the Development of A Dominant Design: Evidence from the Pinball Industry [R] . Post-Print, 2020.

[64] Rip A, Kemp R. Technological Change, In S. Rayner and E. L. Malone (eds), Human Choice and Climate Change [M] . Ohio: Battelle Press, 1998.

[65] Geels F W. Processes and Patterns in Transitions and System Innovations: Refining the Co-evolutionary Multi-level Perspective [J] . Technological Forecasting and Social Change, 2005, 72 (06): 681-696.

[66] Geels F. The Hygienic Transition from Cesspools to Sewer Systems (1840-1930): The Dynamics of Regime Transformation [J] . Research Policy, 2006, 35 (07): 1069-1082.

[67] Schot J, Geels F W. Strategic Niche Management and Sustainable Innovation Journeys: Theory, Findings, Research Agenda, and Policy [J] . Technol-

ogy Analysis & Strategic Management, 2008, 20（05）：537-554.

　　[68] Magnusson, Thomas, Berggren, et al. Competing Innovation Systems and the Need for Redeployment in Sustainability Transitions [J]. Technological Forecasting and Social Change, 2018（126）：217-230.

　　[69] Konrad K, Truffer B, Voss J P. Multi-regime Dynamics in the Analysis of Sectoral Transformation Potentials：Evidence from German Utility Sectors [J]. Journal of Cleaner Production, 2008, 16（11）：1190-1202.

　　[70] 薛奕曦, 邵鲁宁, 尤建新, 毕晓航. 面向新能源汽车的社会—技术域分析及其转型推动研究 [J]. 中国软科学, 2013（03）：78-88.

　　[71] 陈卓淳, 姚遂. 中国电力系统低碳转型的路径探析——基于社会技术转型思路 [J]. 中国人口·资源与环境, 2012, 22（02）：62-68.

　　[72] Liu D, Shiroyama H. Development of Photovoltaic Power Generation in China：A Transition Perspective [J]. Renewable & Sustainable Energy Reviews, 2013, 25（05）：782-792.

　　[73] 孙启贵. 社会—技术系统的构成及其演化 [J]. 技术经济与管理研究, 2010（06）：13-17.

　　[74] 成伟华. 面向新能源汽车的社会—技术域分析及其转型推动研究 [J]. 现代制造技术与装备, 2016（06）：44-45.

　　[75] Berkeley N, Bailey D, Jones A, Jarvis D. Assessing the Transition towards Battery Electric Vehicles：A Multilevel Perspective on Drivers of, and Barriers to, Take up [J]. Transportation Research Part A Policy & Practice, 2017（106）：320-332.

　　[76] Forbord M, Hansen L. Enacting Sustainable Transitions：A Case of Biogas Production and Public Transport in Trøndelag, Norway [J]. Journal of Cleaner

Production, 2020 (254): 120-156.

[77] Chen M J, Miller D. Reconceptualizing Competitive Dynamics: A Multi-dimensional Framewor [J]. Strategic Management Journal, 2015, 36 (05): 758-775.

[78] 皮圣雷. 动态竞争理论研究视角与路径演进综述 [J]. 外国经济与管理, 2014, 36 (09): 12-19+51.

[79] Menon A R, Yao D A. Elevating Repositioning Costs: Strategy Dynamics and Competitive Interactions [J]. Strategic Management Journal, 2017, 38 (10): 1953-63.

[80] 徐鹏, 白贵玉. 企业动态竞争行为: 研究述评与展望 [J]. 外国经济与管理, 2020, 42 (02): 3-16.

[81] Chen M J, Su K H, Tsai W. Competitive Tension: The Awareness-motivation-capability Perspective [J]. Academy of Management Journal, 2007, 50 (01): 101-118.

[82] 亓晖, 姚小涛. 动态竞争研究的文献计量和框架构建 [J]. 科学学与科学技术管理, 2020, 41 (07): 3-21.

[83] 程聪, 谢洪明, 杨英楠, 曹烈冰, 程宣梅. 理性还是情感: 动态竞争中企业 "攻击—回应" 竞争行为的身份域效应——基于 AMC 模型的视角 [J]. 管理世界, 2015 (08): 132-146+169+188.

[84] 刘钢, 葛宝山. 基于 AMC 视角的创业企业组织变革: 内容、过程及决策分析 [J]. 税务与经济, 2010 (04): 20-23.

[85] 黄振雷, 吴淑娥. 竞争会促进创新吗——来自零部件产业的经验证据 [J]. 山西财经大学学报, 2013, 35 (10): 1-9.

[86] 叶珍, 邓新明. AMC 视角下多市场接触对企业研发强度的影响——

基于全球医药行业的实证研究［J］.研究与发展管理，2020，32（04）：97-109.

［87］Lee H，Smith K G，Grimm C M，et al. Timing，Order and Durability of New Product Advantages with Imitation［J］.Strategic Management Journal，2000，21（01）：23-30.

［88］Zhang R，Sun B. A Competitive Dynamics Perspective on Evolutionary Game Theory，Agent-based Modeling，and Innovation in High-tech Firms［J］.Management Decision，2020，58（05）：948-966.

［89］邓新明，郭雅楠，刘国华，熊静怡，王惠子.企业间竞争对抗与竞争策略组合的动态演化——基于我国团购行业的案例研究［J］.管理学季刊，2018，3（04）：72-98+156-157.

［90］陈强，敦帅.分享经济企业动态竞争研究——竞争互动与政府管制［J］.同济大学学报（社会科学版），2021，32（02）：105-116.

［91］Grimm C M，Smith K G. Strategy as Action：Industry Rivalry and Coordination［M］.Cincinnati，Ohio：South-Western College Pub，1997.

［92］邓新明，龙良智，龙贤义，叶珍.竞争者分析与企业市场、非市场进攻行动选择的关联性研究［J］.管理评论，2017，29（11）：129-147.

［93］卢安文，王儒，吴晶莹.中国互联网三巨头竞争互动研究［J］.南方经济，2017（07）：116-136.

［94］曹红军，陈元.高管认知视角下的竞争行为与企业绩效：高管团队职能背景的调节作用［J］.中国人力资源开发，2018，35（03）：61-72+135.

［95］曹红军，陈元，周燕珊.动态竞争行为多样性如何影响企业绩效：高管团队断层的调节作用［J］.重庆工商大学学报（社会科学版），2019，36（02）：48-55.

［96］邓新明，罗欢．身份域视角下的企业竞争：行为与经济后果［J］．经济管理，2020，42（07）：93-108.

［97］Argyres N，Mahoney J T，Nickerson J. Strategic Responses to Shocks：Comparative Adjustment Costs，Transaction Costs，and Opportunity Costs ［J］．Strategic Management Journal，2019，40（03）：357-376.

［98］Bigelow L，Nickerson J A，Park W-Y. When and How to Shift Gears：Dynamic Trade-offs among Adjustment，Opportunity，and Transaction Costs in Response to An Innovation Shock ［J］．Strategic Management Journal，2019，40（03）：377-407.

［99］Barnett W P，Pontikes E G. The Red Queen，Success Bias，and Organizational Inertia ［J］．Management Science，2008，54（07）：1237-1251.

［100］Giachetti C，Lampel J，Li Pira S. Red Queen Competitive Imitation in the UK Mobile Phone Industry ［J］．Academy of Management Journal，2017，60（05）：1882-1914.

［101］皮圣雷，张显峰．技术突变下在位企业如何用合作制衡替代进入者——漫友文化有限公司的嵌套式案例研究［J］．南开管理评论，2021，24（01）：97-107+130-132.

［102］熊红星．开放标准动态竞争［J］．系统管理学报，2007（S1）：8-13.

［103］张华，席酉民，马骏．仿真方法在管理理论研究中的应用［J］．科学学与科学技术管理，2009（04）：46-52.

［104］蔡霞，宋哲，耿修林．先发企业的崛起与后进企业的逆袭——基于小世界网络的创新扩散仿真研究［J］．南开管理评论，2017，20（06）：42-49.

［105］马艳丽，尹苗苗，陈海涛．多主体建模与仿真在创业研究中的应

用述评［J］. 外国经济与管理, 2016, 38（09）: 51-63.

［106］袭希. 知识密集型产业技术创新演化机理及相关政策研究［D］. 哈尔滨: 哈尔滨工程大学, 2013.

［107］吕蔚, 朱东华, 潘常春, 杨根科. 高校科研组织的智能体演化仿真分析［J］. 计算机仿真, 2011, 28（10）: 383-388.

［108］Lopolito A, Morone P, Taylor R. Emerging Innovation Niches: An Agent Based Model［J］. Research Policy, 2013, 42（06-07）: 1225-1238.

［109］Çevikarslan S. Optimal Patent Length and Breadth in An R&D Driven Market with Evolving Consumer Preferences: An Evolutionary Multi Agent–based Modeling Approach［J］. Technological Forecasting & Social Change, 2017 (02): 013-020.

［110］田家林, 顾晓燕. 基于创新主体视角的区域知识产权运营效率提升对策［J］. 科学学与科学技术管理, 2014, 35（12）: 62-70.

［111］Albino V N, Carbonara, Giannoccaro I. Innovation in Industrial Districts: An Agent-based Simulation Model［J］. International Journal of Production Economics, 2006, 104（01）: 30-45.

［112］邵景峰, 王进富, 马晓红, 吴生, 刘勇. 基于数据的产学研协同创新关键动力优化［J］. 中国管理科学, 2013, 21（S2）: 731-737.

［113］王小磊, 杨育, 曾强, 梁学栋. 客户协同创新的复杂性及主体刺激—反应模型［J］. 科学学研究, 2009, 27（11）: 1729-1735.

［114］Wersching K. Schumpeterian Competition, Technological Regimes and Learning through Knowledge Spillover［J］. Journal of Economic Behavior & Organization, 2010, 75（03）: 482-493.

［115］任海英, 史艾娜. 基于多主体遗传算法的太阳能电池技术演化研

究［J］．科学学研究，2014，32（01）：66-72.

［116］Schiera D S，Minuto F D，Bottaccioli L，et al. Analysis of Rooftop Photovoltaics Diffusion in Energy Community Buildings by a Novel GIS- and Agent- Based Modeling Co-Simulation Platform［J］．IEEE Access，2019，7（01）：93404-93432.

［117］黄玮强，庄新田，姚爽．基于动态知识互补的企业集群创新网络演化研究［J］．科学学研究，2011，29（10）：1557-1567.

［118］禹献云，曾德明，陈艳丽，文金艳．技术创新网络知识增长过程建模与仿真研究［J］．科研管理，2013，34（10）：35-41.

［119］Zheng K，Jia S，Ioppolo G，Carlucci F. Promoting the Opportunity Identification of Industrial Symbiosis：Agent-Based Modeling Inspired by Innovation Diffusion Theory［J］．Sustainability，2017，9（05）：1-24.

［120］王弘颖．新能源产业主导技术的扩散机理研究［D］．哈尔滨：哈尔滨工程大学，2019.

［121］苟劲松，阮平南，李金玉．基于主导设计的新兴产业形成障碍跨越策略研究［J］．科技进步与对策，2015，32（04）：36-40.

［122］马岳红，袁健红．主导设计文献综述［J］．科技进步与对策，2010，27（15）：151-155.

［123］张子超．高新技术企业路径突破式技术跨越的影响因素研究［D］．西安：陕西师范大学，2011.

［124］魏世红．中国高技术产业技术效率研究［D］．大连：大连理工大学，2008.

［125］闫超．基于耦合理论的高技术产业金融供给侧改革研究［D］．北京：中国科学技术大学，2016.

［126］李向东．中国高技术产业创新效率动态演化的实证研究［D］．南京：南京航空航天大学，2013．

［127］吴晓波，曹体杰．高技术产业与传统产业协同发展机理及其影响因素分析［J］．科技进步与对策，2005（03）：7-9．

［128］Smith A. Translating Sustainability between Green Niches and Socio-technical Regimes［J］. Technology Analysis and Strategic Management，2007，19（04）：427-450.

［129］陆小成．产业集群协同演化的生态位整合模式研究［D］．长沙：中南大学，2008．

［130］Grinnell J. The Niche-relationships of the California Thrasher［J］. Auk，1917，34（04）：427-433.

［131］Weber M，Hoogma R. Beyond National and Technological Styles of Innovation Diffusion：A Dynamic Perspective on Cases from the Energy and Transport Sectors［J］. Technological Analysis & Strategic Management，1998（05）：545-566.

［132］Weber M. Experimenting with Sustainable Transport Innovations：A Workbook for Strategic Niche Management［M］. Enschede：Enschede University of Twente Press，1999.

［133］李富昌．基于基因遗传的定制化产品集成创新机制及资源重用策略研究［D］．芜湖：安徽工程大学，2015．

［134］吕文娟．我国制造业企业技术能力发展的知识类生物模型研究［D］．天津：天津大学，2012．

［135］郝陶群．基于仿生学视角的区域创新系统构建理论及应用研究［D］．长春：吉林大学，2008．

[136] Smith B, Varzi C. The Niche [J]. Noas, 1999 (33): 214-238.

[137] 陈红花, 尹西明, 陈劲, 王璐瑶. 基于整合式创新理论的科技创新生态位研究 [J]. 科学学与科学技术管理, 2019, 40 (05): 3-16.

[138] 毛荐其, 刘娜. 技术生态对技术生成的作用研究 [J]. 科研管理, 2015, 36 (02): 19-25.

[139] 刘娜, 毛荐其, 陈雷. 战略性新兴产业培育研究——一个产业技术生态的视角 [J]. 科技管理研究, 2012, 32 (05): 14-17.

[140] 许箫迪. 高技术产业生态位测度与评价研究 [D]. 南京: 南京航空航天大学, 2007.

[141] 何自力, 徐学军. 生物共生学说的发展与在其他领域的应用研究综述 [J]. 企业家天地, 2006 (11): 132-135.

[142] 徐波. 我国高技术产业与区域经济互动关系研究 [D]. 北京: 中央财经大学, 2016.

[143] 芮明杰, 巫景飞, 何大军. MP3 技术与美国音乐产业演化 [J]. 中国工业经济, 2005 (02): 110-17.

[144] 刘娜. 技术的生态适应性及协同演化研究 [D]. 济南: 山东师范大学, 2012.

[145] 贾杲, 樊鸿昌, 米忠科. 论技术域、技术理解与技术进化 [J]. 科学技术与辩证法, 1990 (04): 41-47.

[146] 李亚青. 技术进化的趋势与展望 [J]. 科学技术与辩证法, 2002 (05): 48-51.

[147] 薛奕曦, 邵鲁宁, 尤建新, 毕晓航. 面向新能源汽车的社会—技术域分析及其转型推动研究 [J]. 中国软科学, 2013 (03): 78-88.

[148] 黄鲁成. 区域技术创新系统研究: 生态学的思考 [J]. 科学学研

究，2003（02）：215-219.

［149］罗发友，刘友金．技术创新群落形成与演化的行为生态学研究［J］．科学学研究，2004（01）：99-103.

［150］Lin C K Y. Stochastic Single-source Capacitated Facility Location Model with Service Level Requirements［J］．International Journal of Production Economics，2008，117（02）：439-451.

［151］裘希，孙冰．群落演替观点下产业技术的演化模型［J］．系统管理学报，2015，24（04）：569-579+587.

［152］Markard J, Truffer B. Technological Innovation Systems and the Multi-level Perspective：Towards An Integrated Framework［J］．Research Policy，2008（37）：596-615.

［153］吴晓园，许明星，钟俊娟．基于演化经济学的国家创新系统层级研究［J］．技术经济与管理研究，2011（07）：40-43.

［154］Driel V, Schot H J W. Radical Innovation as a Multi-level Process：Introducing Floating Grain Elevators in the Port of Rotterdam［J］．Technology and Culture，2005（46）：51-76.

［155］李宏伟．基于社会技术景观的"碳解锁"模式研究［J］．生态经济，2017，33（08）：36-41.

［156］孙冰，徐晓菲，姚洪涛．基于 MLP 框架的创新生态系统演化研究［J］．科学学研究，2016，34（08）：1244-1254.

［157］梁云虹，任露泉．自然生境及其仿生学初探［J］．吉林大学学报（工学版），2016，46（05）：1746-1756.

［158］李伟丽．生物进化与技术创新演化的同构性研究［D］．北京：北京化工大学，2006.

[159] Kuhn T S. The Structure of Scientific Revolutions [M]. Chicago and London: University of Chicago Press, 1962.

[160] Dosi G. Technological Paradigms and Technological Trajectories [J]. Research Policy, 1982, 11 (03): 147-162.

[161] Henderson R M, Clark K B. Architectural Innovation: The Reconfiguration of Existing Product Technologies and the Failure of Established Firms [J]. Administrative Science Quarterly, 1990, 35 (01): 9-30.

[162] Anderson P, Tushman M L. Technological Discontinuities and Dominant Designs: A Cyclical Model of Technological Change [J]. Administrative Science Quarterly, 1990, 35 (04): 604-633.

[163] 熊鸿军, 戴昌钧. 技术变迁中的路径依赖与锁定及其政策含义 [J]. 科技进步与对策, 2009, 26 (11): 94-97.

[164] 陈劲, 王焕祥. 演化经济学 (技术管理) [M]. 北京: 清华大学出版社, 2008.

[165] 孙冰, 袭希, 余浩, 姚洪涛. 基于知识的技术演化内部影响因素研究——以 kene 为视角 [J]. 图书情报工作, 2012, 56 (22): 135-140+128.

[166] Ahrweiler P, Pyka A, Gilbert N. Simulating Knowledge Dynamics in Innovation Networks (SKIN) [M] //R. Leombruni & M. Richiardi (Eds.), Industry and Labor Dynamics: The Agent-based Computational Economics Approach. Singapore: World Scientific Press, 2004.

[167] Doignon J P, Falmagne J C. Knowledge Spaces [M]. Berlin: Springer-Verlag, 1999.

[168] Niazi M A M. Towards a Novel Unified Framework for Developing For-

mal, Network and Validated Agent–Based Simulation Models of Complex Adaptive Systems［D］. Scotland：University of Stirling, 2011.

［169］Miller J H, Page S E. Complex Adaptive Systems：An Introduction to Computational Models of Social Life［M］. Princeton：Princeton University Press, 2007.

［170］郭秋霞. 基于信息共享的供应链协同建模与仿真［D］. 江门：五邑大学, 2012.

［171］赵健宇, 王铁男. 基于"刺激—反应"原理的战略联盟知识空间适应性演化［J］. 系统管理学报, 2019, 28（01）：10-21+30.

［172］雷雨嫣, 陈关聚, 徐国东, 朱彦. 技术变迁视角下企业技术生态位对创新能力的影响［J］. 科技进步与对策, 2019, 36（17）：72-80.

［173］张丽萍. 从生态位到技术生态位［J］. 科学学与科学技术管理, 2002（03）：23-25.

［174］Gause G F. The Struggle for Existence［J］. Williams & Wikins, Baltimore, 1934（06）：15-79.

［175］钱辉. 生态位、因子互动与企业演化——企业生态位对企业战略影响研究［D］. 杭州：浙江大学, 2005.

［176］曾祥炎, 刘友金. 企业竞合关系及其对协同创新效率的影响［J］. 湖湘论坛, 2016, 29（06）：99-102.

［177］李冬梅. 复杂技术系统的主导设计形成机制研究［D］. 太原：山西大学, 2018.

［178］杨梅英, 王芳, 周勇. 高新技术企业研发合作模式选择研究——基于北京市38家高新技术企业的实证分析［J］. 中国软科学, 2009（06）：172-177.

［179］于蔚．高技术产业 R&D 投入与产出关系的实证研究［D］．大连：东北财经大学，2018.

［180］杨波，徐升华．多 Agent 建模的虚拟企业知识转移演化博弈仿真分析［J］．情报杂志，2010，29（05）：20-25.

［181］殷辉．基于演化博弈理论的产学研合作形成机制的研究［D］．杭州：浙江大学，2014.

［182］曾德明，吴传荣．高技术企业集群与技术标准合作的关系分析［J］．科技进步与对策，2009，26（14）：72-75.

［183］姜红，孙舒榆，吴玉浩．技术标准联盟知识生态系统演化机理分析——闪联产业联盟案例［J］．科技进步与对策，2019，36（21）：1-9.

［184］毛荐其，刘娜．基于技术生态的技术协同演化机制研究［J］．自然辩证法研究，2010，26（11）：26-30.

［185］骆品亮，殷华祥．标准竞争的主导性预期与联盟及福利效应分析［J］．管理科学学报，2009，12（06）：1-11.

［186］舒辉，高璐．专利和技术标准协同转化的模式［J］．贵州省党校学报，2020（01）：29-39.

［187］Andersen E S. Railroadization as Schumpeter's Standard Example of Capitalist Evolution：An Evolutionary-Ecological Interpretation［J］．Industry & Innovation，2002，9（01-02）：41-78.

［188］孙冰．同一企业内软件产品间共生模式的模型建构与实证研究——基于质参量兼容的扩展 Logistic 模型［J］．管理评论，2017，29（05）：153-164.

［189］祁乐乐．企业需求导向下的高等教育人才培养模式研究［D］．天津：河北工业大学，2015.

［190］吴海燕，徐芝亮．基于互利共生关系下产学研联盟的知识转移模型构建［J］．农业科技管理，2015，34（04）：55-58+78.

［191］范海洲，马鸿梅．基于 Logistic 模型的企业竞争互动分析［J］．工业工程，2010，13（03）：39-42.

［192］黄鲁成，张红彩．基于生态学的通讯设备制造业的技术创新种群演化分析［J］．中国管理科学，2006（05）：143-148.

［193］李庆满．产业集群条件下技术标准联盟的组建与运作研究［J］．标准科学，2009（07）：23-26.

［194］王发明．基于生态观的产业集群演进研究［D］．杭州：浙江大学，2007.

［195］焦勇，杨蕙馨．技术创新对中国制造业全球价值链攀升的非线性传导［J］．现代经济探讨，2020（07）：99-107.

［196］张永安，李晨光．复杂适应系统应用领域研究展望［J］．管理评论，2010，22（05）：121-128.

［197］刘丽君，唐水源．基于 CAS 理论的大学多主体科技合作的体制与机制研究［J］．研究与发展管理，2004（05）：82-88+118.

［198］谭跃进，邓宏钟．复杂适应系统理论及其应用研究［J］．系统工程，2001（05）：1-6.

［199］秦胜君．复杂适应信息系统体系结构的研究与应用［D］．大连：大连海事大学，2011.

［200］贾晓辉．基于复杂适应系统理论的产业集群创新主体行为研究［D］．哈尔滨：哈尔滨工业大学，2016.

［201］马楠．中国战略性新兴产业协同创新系统演化机理研究［D］．福州：福州大学，2016.

［202］熊文明，余维新，陈传明．基于复杂适应系统理论的学术创业者双元角色协同过程研究［J］．商业经济与管理，2020（08）：34-44.

［203］王小磊．客户协同产品创新中冲突协调与消解的关键技术研究［D］．重庆：重庆大学，2010.

［204］曹薇．复杂适应系统理论在企业为主体的产学研合作中的应用［J］．系统科学学报，2015，23（04）：68-71.

［205］王小磊，杨育，曾强，梁学栋．客户协同创新的复杂性及主体刺激—反应模型［J］．科学学研究，2009，27（11）：1729-1735.

［206］李爽．基于创新生态视角的新能源汽车企业技术创新效率及影响因素研究［D］．沈阳：辽宁大学，2017.

［207］孙冰，裘希，姚洪涛，贾公园．技术在环境中适应性演化的"刺激—反应"三层模型研究——基于 Kene 的仿真探索［J］．科学学与科学技术管理，2013，34（04）：19-27.